今日から
安全衛生担当
シリーズ

安全管理者
の仕事

福成雄三 著

目　次

Ⅱ．安全管理者としての仕事に取り組む

Ⅲ．安全管理業務を充実させる

はじめに

あなたが安全管理者に選ばれた理由は何でしょうか。「安全管理を強化するために最適な人材だから」だと思いますが、ひょっとしたら、単なる人事異動と思っている人もいるかもしれません。キャリアパスとして安全管理を経験させることかもしれません。理由は何であってもいいのですが、安全管理者として時間を過ごす（人生の一部を費やす）ことに間違いはありません。筆者としては、ぜひ、あなたに安全管理者として「いい時間」を過ごしてもらいたいと思っています。

産業のあり方が大きく変わってきている中で、事業場の安全管理をリードする安全管理者は、広い視野を持って、高い視点から安全管理を考えることが求められています。この本は、安全管理者としての仕事を進める上での発想を広げてもらうことを念頭に置いています。したがって、一般的な考え方とは違った筆者独特の見方での記載もあり、違和感を覚える読者もいるかもしれません。あなた自身がこの本も参考にして、自ら事業場に合った安全管理のあり方について考え、実効の上がる安全管理に結び付けてもらいたいと思います。

この本の書名は「安全管理者の仕事」ですが、法令や安全管理の方法について解説したテキストではありません。法令の解釈や個別の安全管理の手法や技術については、関係法令や行政通達、他の各種テキストなどを参考にしてください。文中でも、これらのことを

取り上げていますが、要点を絞っていますし、筆者としての考え方だと理解してください。用いている用語や物の名称も、法令用語を含めて、正確さというよりもわかりやすさを優先した使い方をしているつもりです。

　この本の内容は、製造業の安全管理者、特に専任の安全管理者を想定した内容が多くなっていますが、どのような業種の安全管理でも役に立つと思われる考え方も取り上げています。なお、この本と同じシリーズの「衛生管理者の仕事」と一部に重複する内容もありますが、急性中毒対応や人間工学的視点などを含めて、労働衛生管理・健康管理の考え方については「衛生管理者の仕事」の方で詳しく書いています。あわせて参考にしてもらえればと思います。

<＜著者はこんな人＞>

<著者はこんな人>

　筆者が入社した会社は、日本の安全活動の歴史を語る時に必ず登場します。会社の大先輩で、中災防の初代会長となった三村起一氏は、日本の産業安全運動の創始者の一人とされています。労働災害を目の当たりにして「一生を安全運動に捧げよう」と決意して、社内の安全管理を向上させただけでなく、日本の安全運動を生涯を通して支え続けました。石油開発公団の初代総裁を含め何社もの社長を務めるなど財界人としても著名な人です。

　入社後配属されたＡ事業所（1万人以上の社員のほかに、非常に多くの協力会社の人たちが働いていました）では、KYT（Ａ事業所が発祥）の職場研修がさかんに実施されていました。現場実習で交代勤務をしていた頃に、現場の人たちと一緒に研修所に泊まり込んで研修したことを覚えています。集合教育の後、安全衛生課に配属されて、衛生管理を担当することになりました。学生時代に安全衛生管理を専攻していた訳ではなく、意外な配属先でした。当初は、安全管理を直接担当していませんでしたが、KY関連を中心に安全施策の検討に加わる機会がありました。入社10年目から安全衛生課の副長になり、安全管理も担当することになりました。3人いた副長の職務を1人で担うことになり戸惑いもありましたが、現場経験豊富なベテランなどに支えてもらいました。労働災害の発生などを目の当たりにし、自分の責任として安全の問題を考え始めることになります。

　30歳代前半に本社に移り、全社の安全衛生管理を担当しました。6年後にＢ事業所の安全衛生管理の責任者になり、貴重な経験もたくさんしましたが、いろいろなことがあって苦労もしました。安全体感教育はこの時期に企画しました。他社に学

びながら、今では全国に広まった体系的な体感教育の形を作り上げたことになります。具体的な検討を行ったのは、保全部門出身のベテランの部下と、現在も体感教育を事業として続けているグループ会社の人たちでした。

　出向して、臨床検査会社の役員をしている時には、経営としての安全衛生管理の重要性を実感しました。全社の安全衛生管理の責任者として本社に戻り、さまざまな新たな視点での安全衛生管理施策に取り組みました。安全関係では、協力会社・関係会社支援、全社KY教育、機械安全対策の推進、OSHMS活用（JISHA方式OSHMS初回認定）、危険敢行性問題へのアプローチなどが思い出されます。「後戻りしない」がモットーでした。

　その後、教育（体感教育も含めた）と省エネ支援を主たる事業とする会社の社長となり、前向きな気持ちを持った社員に充実した日々を支えられました。退任後、中災防の教育推進部に在籍した後、今は公益財団法人大原記念労働科学研究所特別研究員として執筆や講演をしています。

　安全衛生管理に関わり始めて40年以上が経ちますが、情熱あふれる先輩や同僚、現場第一線の人たちに感化されての安全衛生管理でした。アイデアばかり出す筆者に対して、実効の上がる施策の形に仕上げて現場をリードしてくれた同僚がいてくれてこその安全管理でした。さらに独特の発想の筆者を支えてくれたのは、社長を含めた上司でした。「教えられ、支えられた安全衛生管理」でした。名前を挙げてお礼を伝えたい人がたくさんいます。

　安全衛生管理は、経営にとっても、働く人たちにとっても、価値の創造を支える大切なものです。人が関わるという面でも奥の深い分野ですし、経営の視点では戦略性のいる分野だとも思っています。

I

安全管理者としての仕事を始める

1. 安全管理に求められること

「安全管理」の意味を突き詰めて考えていくと、とてもむずかしく、奥の深いものに感じられます。安全管理を担当するということは、この問題を考えながら仕事に取り組むということになります。考えることが、事業場の関係者の納得感を引き出し、的確にリードしていくことに繋がると思いますので、この章では、「安全」についての基本的な考え方を取り上げてみました。

(1) 「安全」という言葉から受ける印象

「安全」という言葉が、「安心・安全」と対で用いられることがあります。「安心」と「安全」の違いは何でしょうか。「安心」は一人ひとりが感じるもので、それぞれの人によって受け止め方が違いますが、「安全」は感じるものではなく客観的なものだと言ってもいいでしょう。「安心感」という言葉はあっても「安全感」という言葉はありません。「安全」が「安心」を生むベースの一つになるということでしょう。そして、「安心」は「創造的な活動を支える」ことに繋がります。

また、「安全」は「労働安全」だけでなく「交通安全」「地域の安全」「食の安全」「安全保障」「安全資産」「安全率」など多様な使い方がされ、それぞれの「安全」の意味は異なりますが、大きな意味では、「『守る』という目的」は共通しています。何に対して何を『守る』のかは違いますし、『守る』ためのアプローチも違います。「労働安全」は、言うまでもなく「業務に従事する従業員を守る」こと

が目的です。「法律を守る」「会社を守る」ということにも通じます。ただし、「労働安全」の取り組みは、「守る」ための手段で、目的ではないことを意識しておくことが大切です。「労働安全」の取り組みそのものが目的となってしまっては本末転倒で、取り組みに対して共感が得られず、形骸化してしまうおそれがあると思います。

　以下、「安全」は、原則として「労働安全」を指す言葉として使うことにします。

(2)　「安全」のむずかしさ

　上述のとおり、「安全」は、従業員の労働災害を防止する「客観的な安全」に関するものです。「安全第一」をスローガンとして打ち出しても、従業員に安全行動を呼び掛けても、これだけでは「客観的な安全」に繋がりません。安全に仕事ができるように環境を整え、身に付いた安全な行動を発現させる（自然に安全な行動をする、あるいは安全な行動をせざるを得ない状況にする）ことが、「客観的な安全」に近付くことになると考えます。

　「安全」のむずかしさは、どこに感じるのでしょうか。労働災害は規則的に発生するものではなく、その発生を「確度高く予想する」ことはむずかしいという現実が、むずかしさを感じさせる要因です。確実に発生を予想できるのであれば、労働災害の発生はもっと少なくなっているでしょう。

　さらに、労働災害の発生確率は、従業員一人ひとりにとっては、高いものではありません。「ほとんどない」ことは、ほとんどの場合、「大丈夫」なのです。例えば、脚立から落ちるということが、どの程度の頻度で起きて、結果としてケガをするかを考えてみてください。脚立は、非常に広範囲に頻度高く利用されていますが、落ちて

ケガをしたことのある人は、それほど多くないはずです。落ちたことのある人でも、「今回は注意するから大丈夫」と思ってしまいがちです。ここにも安全管理のむずかしさがあります。また、すべての業務で労働災害は発生する可能性がありますし、すべての従業員がその対象になるという時間的空間的な広さも、むずかしさを感じさせる要因でしょう。

　このように、ある意味で全貌を掴みにくい状態を対象にした「安全」にどのように取り組めばいいのでしょうか。筆者が若い頃に事業場で接した「安全」の印象は、「うるさい」感じがするくらいでした。今から思えば、労働災害の件数も多く、安全に作業をする環境も十分に整わない（安全関連技術にも限りがある）中で、従業員の意識を高めることに安全部門が真摯に力を注いでいたということだったのでしょう。しかし、時代は変わりました。安全衛生管理に関連する知見が蓄積され、技術が進歩し、設備や機器・用具の安全性も高まりました。関係法令も精緻になり、安全衛生管理に関する制度的な運用は、安全衛生マネジメントシステムを基本とする方向になってきました。結果として、労働災害（特に死亡災害）は大きく減少しています。ただし、課題が無くなった訳ではありません。技術的な面も制度的な面もまだまだ進化する余地がありますし、安全技術の現場適用の課題も残っています。さらに「人」（判断と行動）、安全管理者の立場で言えば、「人のマネジメント」に工夫の余地があるのではないでしょうか。自動車は、いろいろな面で性能は上がり、安全装備も向上して安全性が高まり、道路は整備され、法令は強化されました。車両によっては、デジタルタコメーターやドライブレコーダーなどでの「監視」も強化されています。一方で、運転する「人」は、かつてに比べて、それほど変化していないように見えますがどうでしょうか。

（3）　安全衛生管理の目的を考える

　安全衛生管理の目的は、「従業員の命と健康を守る」「法令を順守する」などが一般的です。あなたはどう考えていますか。前者は、当然のことなのですが、「雇用契約に付随する義務としての安全配慮義務がある」とか「従業員を家族から預かっている立場での事業場の義務だ」として「義務」としての考え方もあります。後者は、法治国家で事業を営む限り当然のことです。いずれも安全衛生管理を進める上で欠かせない考え方です。

　もう一点、付け加えて「発想の原点」に置いてもらいたいことがあります。会社の価値（利益）を生み出すのは、突き詰めれば従業員です。従業員が前向きな気持ちを持って業務に取り組むようにするマネジメントの一つとして安全衛生管理があると思います。また、安全衛生管理は、従業員の立場から見ると、会社の従業員に対する姿勢をわかりやすく示してくれるものです。安全衛生管理の経営の中での位置付けを踏まえて取り組みたいものです。従業員が安全に、前向きに業務に取り組む安全衛生管理を目指すと、安全の面に留まらない成果に結び付く（価値を生み出すことになる）でしょう。また、従業員も、生活を支える（豊かにする）ために仕事に従事している中で、ケガをしてもいいとは思っていないはずです。安全の普遍的価値が、これらの点にあると思います。価値を生み出す場で、ケガをする（価値を損ねる）ことは矛盾です。矛盾は解消しなければなりません。安全衛生管理は、矛盾を無くす取り組みであり、価値を生み出すものです。

　なお、会社の業務で無駄なコストを掛けてはいけませんが、必要なコストは掛けなければいけません。安全衛生管理は、人件費も含めてコストが掛かるのは当然のことです。「掛けるコストを活かす」

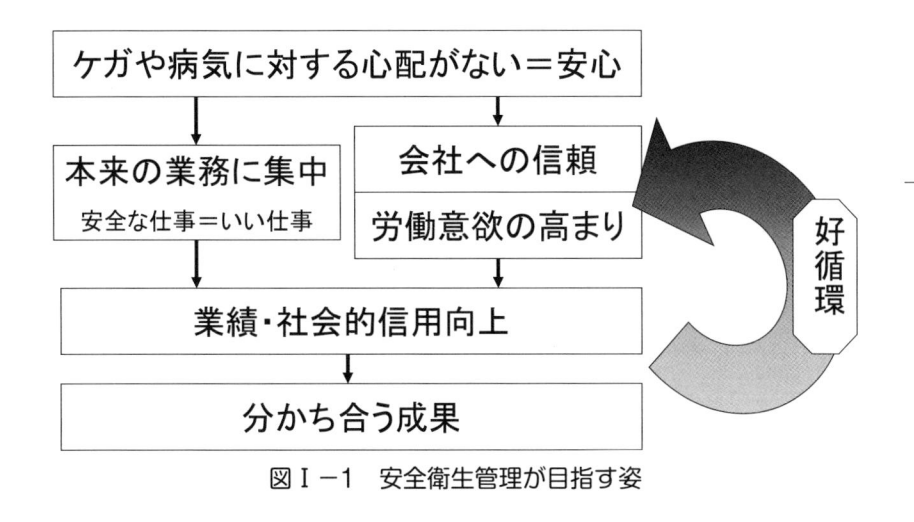

図 I-1　安全衛生管理が目指す姿

という考え方を持っておくことも必要ですし、中長期的な視点を持ってコストパフォーマンスを考えることも大切です。

2. 安全管理者になったら

　安全管理者に選任されて、職務を遂行するために理解しておきたい基本的なことと、職務に取り組む姿勢についてまとめました。

(1)　選任手続きをする

　事業者は、安全管理者を選任したら、所轄労働基準監督署に選任報告を提出しなければなりません。どの部門がこの手続きを行うかは、事業場によって異なりますので確認しておいてください。

　安全衛生関係の業務を担当すると、労働基準監督署はとても身近な行政機関になります。各種の届出等を持って行ったり、場合によっては説明に出向いたりすることになります。法令に基づく指導を仰ぐこともあるかもしれません。もし、労働基準監督署に出向いたことがないのであれば、どのようなところなのか自分の目で確かめておくと、必要な時に出向きやすくなるでしょう。着任の挨拶を兼ねて安全管理者が自分で選任報告を提出しに労働基準監督署に出向くことをお勧めします。

(2)　法令に基づく安全管理者の業務

　安全管理者として法令で求められている業務を表Ⅰ－1に抜き出してみました。安全管理者自身が自ら実施すべきことは、「巡視し、危険のおそれがある時に措置を講じる」ことだけです。他の職務は、事業者が安全管理者に実施させ、そのために必要な権限を与えると

表Ⅰ－1　法令に規定された職務

1. 事業者が安全管理者に管理させなければならない業務（安衛法第11条（安衛法第10条、安衛則第3条の2））

　　総括安全衛生管理者が統括管理する以下の業務のうちの安全に係る技術的事項

　　① 労働者の危険または健康障害を防止するための措置に関すること。

　　② 労働者の安全または衛生のための教育の実施に関すること。

　　③ 健康診断の実施その他健康の保持増進のための措置に関すること。

　　④ 労働災害の原因の調査および再発防止対策に関すること。

　　⑤ 安全衛生に関する方針の表明に関すること。

　　⑥ 危険性または有害性等の調査およびその結果に基づき講ずる措置に関すること。

　　⑦ 安全衛生に関する計画の作成、実施、評価および改善に関すること。

2. 安全管理者の責務（安衛則第6条、昭和47年基発第601号の1）

　　作業場等を巡視し、設備、作業方法等に危険のおそれがあるときは、直ちに、その危険を防止するため必要な措置（その権限内において直ちに所要の是正措置を講ずるほか、事業者等に報告してその指示を受けること）を講じなければならない。

規定されています。

　労働安全衛生法ができた時に発出された、安全管理者の職務に関する行政通達（表Ⅰ－2）も確認しておきましょう。この通達に示されていることは、事業者が安全管理者に付与する「安全に関する措置の権限」です。「消防および避難」などについては別部門が担当しているケースもあると思います。事業者（事業場）として必要な管理を行うことは必要ですが、安全管理者が必ずすべてを自分で担当しなければならない訳ではありません。法令や行政通達には、安全管理の基本となる事項が規定されていますので、事業場として

の対応に不十分なところ（抜けなど）があれば、適切な管理ができるように体制や組織分掌を明確にしてください。

　なお、法令や行政通達に記載された「安全管理者の職務として挙げられた事項」が実施できているか否かを逐一チェックしてもあまり意味はないでしょう。「事業場の安全管理関係の仕事は安全管理者の仕事」と考えておけば、概ね間違いはありません。ただし、労働安全衛生関係法令（労働安全衛生規則「安全基準」など）に個々に規定されていることが、キチンと実施されていることを確認し、実施されるようにすることは、安全管理者の重要で基本的な仕事です。

(3) 一つずつ対応していく

　法令やこれに付随する構造規格、指針（技術上の指針、定期自主検査指針等）などにどのようなことが定められているか、まず確かめておきましょう。行政通達もたくさんあります。すべてに目を通して理解することは大変なことです。課題がありそうな規定は内容も確認し、その他は必要の都度内容を確認して必要な措置に結び付けるということが現実的だと考えます。また、安全管理者がすべての規定について細かいところまで理解するというよりも、それぞれの担当や所管部門が規定内容を理解して必要な対応を取るようにすることも大切です。さらに、日常的な安全管理の大半はそれぞれの職場（管理監督者や従業員）が主体になって実施することになるはずです。関係法令を事業場内関係者がその内容を容易に知ることができるようにしておくこと（事業場規程などに明記しておくなど）が欠かせません。このような対応ができているか確認しておいてください。

　安全管理者になって対応することについて、その業務が発生する都度、法令や社内規程等との関係を確かめておくことも大切です。法令や社内規程等との関係を確認する時には、とことん調べると先々にわたって役に立ちます。法令であれば、関係する通達まで確認しておきましょう。そうすることによって、課題が見えてくることも少なくありません。また、法令や社内規程等だけでなく、他企業などの取り組み、先進的な取り組みなども一緒に調べておくと次に対応する時に役に立ちます。

　こんなケースはないとは思いますが、安全管理者になって「何をしたらいいのかわからない」などということがあれば、現場に行って安全管理者の目で職場を見ることと、上述のとおり幅広く法令等

を勉強することを勧めます。

(4) 展望を持って

　事故や災害が発生してしまうと、その直接的な原因に対する対策が優先課題となって対応することが多くなります。このような時にも、直接的な対応だけでなく、着実に安全水準を高めていくという視点が必要です。大きな事業場ですと、小さな事故や災害まで含めると、その対応に終始するようになってしまう可能性もあります。設備面の対応や安全な機器・用具の導入、性能の高い保護具の採用、従業員の安全知識・意識を高めるための継続的取り組みなど、安全水準を高めていくための方策を確実に実施していくことが大切です。安全管理者としての在任期間中だけでなく、5年後、10年後まで見通して教訓を活かし続けるつもりで取り組んでください。

　「後戻りしない、させない」といった考え方も重要です。時間の経過とともに、関係する人や各職場の従業員も変わりますし、業務に使用していた設備やツールも変わります。その時々の状況に合わせて対応することは必要ですが、積み重ねていくことも大切です。例えば、全従業員に安全の一斉教育をして、その時は事業場内の関係者の意識も高まり安全水準が上がったと感じることが多いですが、時間が経てばその時の緊張感や問題意識は薄れていってしまいがちです。このようなケースでは、制度として教育の成果が引き継がれていくようにすることが必要になります。

　これらのことは、「どのような事業場にしていきたいのか」「安全水準をどのようなレベルにしたいのか」を考えることだと言い換えることもできます。安全管理者を次の人に引き継ぐ時に、将来を展望した思いも込めて、次の安全管理者に事業場の安全管理を託せる

ようにしたいものです。今日も大切、明日も明後日も大切にして何をすべきかを考えながら安全管理者の業務に取り組んでください。

(5) 評価される仕事

事業場（会社）の業績に直接繋がる（業績が数値でわかるなどの）部署から異動して安全管理を担当することになった人の中には、「なぜ自分が安全を担当しなければならないのか」と思った人もいるのではないでしょうか。安全管理者の業務は、事業場（会社）にとって不可欠で、事業場の基盤を支え、事業の発展に結び付いて、従業員にも喜ばれる仕事です。「やりがい」と「達成感」を感じられる仕事になるよう取り組んでもらいたいと思います。安全管理の仕事は、「評価を得る」ことを目的とするのではなく、結果として「評価を得られる」ことを目指す仕事と言ってもいいかもしれません。評価を得られる仕事を目指してください。

給与を得る立場ですから、高い評価（人事考課）を得られることが望ましいことは言うまでもありません。どうすれば高い評価を得られるかについて責任を持って記載することはできませんが、一般的に言えば、あなた自身がやりがいを感じ、達成感を得られる仕事をしていると、他の人から見ても「いい仕事をしている」と評価されることになります。安全管理を担当する場合は、職場など関係する管理監督者や第一線の従業員からも評価されることが、上司を含めた事業場からの高い評価に繋がるのだと思います。

なお、安全管理を担当していて、事業場内で一番注目を集めるのは、事故や災害が発生した時の対応です。この時にだけ、前面に立って活躍するのでは少しさびしいですね。安全水準を高めていくことによって評価も得られるようにしたいものです。安全管理を通して、

事業場（会社）が評価される、事業場（会社）に関わりのあるすべてのステークホルダーから適切な管理をしていることを評価されることを目指したいものです。

　なお、高い評価を受けることは、仕事の結果として得られる報酬に結び付くということもありますが、信頼を得て、仕事がしやすくなることも意味します。

(6)　安全管理者の視点

　安全な判断や行動を支えるものが何かについて考えてみてください。行動面の安全対策は失敗する確率を下げる取り組みです。その成果は、1回でも事故や災害が発生したか否かだけで判断するのではなく、確率で考える（事故や災害が発生する必然性があるかを見極める）ことも必要でしょう。災害が不安全行動で発生したとしても、被災関係者以外は安全な行動に徹しているかもしれません。事故や災害の原因を一般化（他の職場や従業員も同じような状態にあると考える）することが、かえって的外れで、実効の上がらない施策に結び付くことのないように注意することも大切です。冷静に判断して、実施してきた安全施策を継続すればいいのか、より徹底して取り組むべきなのか、見直すべきなのかを考えてください。

　また、事故や災害があった時に、関係者は一所懸命に原因究明・再発防止に取り組むことになります。安全管理者は、関係者をリードして対応することになります。ただし、他の関係者と同じレベルではなく、さらに先を見たり、一歩引いて全体の状況を見て、安全管理の課題を見出すことも必要でしょう。

　安全管理を担当していると鈍感さ（「冷静さ」と表現した方がいいかもしれません）も必要だと思います。災害・無災害で一喜一憂

するのは、他の人たちに任せておいて、安全管理者は、現場の実態を冷静に解析的に見極め、安全水準の向上を目指して、必要な施策を打っていくことが必要です。

　いずれにしろ、安全管理者の仕事は創造的であって欲しいものです。安全管理者の一つひとつの課題に真摯に取り組む姿勢は、職場の安全に関する意識を高めていきます。事故や災害が発生したことに対してではなく、安全管理者が自ら気付く、あるいは職場からの情報を基に必要だと判断した予防的な対策は、職場の従業員にとっては、自分たちのために真摯に取り組んでくれていると受け止められ、職場を変えていくことになるでしょう。

突き詰めて言えば
　　1. 人を動かす仕事
　　2. 人や社会の役に立つ仕事（よろこばれる仕事）

法や規格等が無くても実施すべきこととして
　　3. 創造力・想像力を発揮する仕事

そのためには
　　4. 専門家としての仕事

そして
　　5. 楽しい仕事

図Ⅰ-2　安全管理の仕事に取り組む発想

(7) 災害事例を知る

　安全管理については、労働災害というインパクトのある出来事が、関係者の意識を高め、対策を推進することに繋がるという面があります。ただし、通常、労働災害の発生頻度は高くなく、職場単位や従業員個人単位で見ればさらに稀な事象です。発生頻度が高くない中で従業員の安全意識を高め、安全水準向上に結び付けるために、過去や事業場（会社）外の災害事例を活かすことはとても重要です。

　事業場（会社）内の災害事例は、記録を確認することができるはずです。安全管理者になって最初に取り組むことの一つです。災害の内容と類似災害の防止のために取り組まれた対策を確認し、その教訓や対策が継続的に活かされているか確認してください。5年、10年と経てば、従業員の記憶からも遠のいている可能性がありますし、各職場の従業員構成も変わり意識も変わっていますので、災害発生の事実も知らない従業員がいるかもしれません。

　できれば、社外の災害事例についても確認しておきましょう。業界でまとめているものがあるかもしれませんし、厚生労働省の「職場のあんぜんサイト」などにも事例が掲載されています。実際には、過去の災害の教訓を活かすことができていないことによる災害が大半です。安全管理者として、過去の事業場内外の災害の教訓を活かす方法を考えてみてください。

(8) 現場に出向く

　安全管理者になったら、とにかく各職場を見て、業務に従事する従業員の仕事を知り、従業員の声を聞きましょう。安全上の課題を見付けなければならないと考える必要はありません。見て、聞いて、

職場の雰囲気を感じることによって課題もだんだんと見えてきます。安全の取り組みを新たに企画したり、従来の取り組みを見直したりする必要を感じたら、その構想を頭に描きながら、職場に行って考えましょう。各職場の従業員が取り組む活動を企画するのであれば、従業員の声も聞いてみましょう。

　現場がすべてではありませんが、現場の実態から離れていては、実効の上がる安全管理を進めることはむずかしいでしょう。なお、現場は、現業の職場だけではありません。事業場内のすべての職場が現場です。出向くことによって、得られる情報は貴重です。繰り返し出向くことによって、職場の従業員の方から声を掛けられて、得られる情報の範囲が広がり、深みも増すことになります。

3. 組織の要として

　安全管理者としての仕事は、事業組織をマネジメントして、事業場、各職場、従業員を動かすことによって、事業場（会社）にとっても従業員にとってもより良い状態を作り出していくことです。組織の要として安全管理を進めていくための考え方を整理しました。この章に記載していることも参考に、上司や前任者のアドバイスをもらいながら、関係者の協力を得て仕事を進めていってください。

(1)　組織を動かす

　組織で働く人の業務遂行に関する判断や行動は、大きく分ければ二つの状況の下で決まります。一つは、指揮命令系統に沿って動く場合で、業務を円滑に進めて事業場として成果を上げるために不可欠です。管理者が管理者として、監督者が監督者として役割を円滑に発揮できるのも、このようなことがベースになっています。作業標準書（作業基準書、作業マニュアル）に書いてあることに従って作業を行うことも指揮命令系統に沿ったものということになります。安全管理でも、基本となる考え方です。
　もう一つは、指揮命令が明確でない状況での各従業員の判断と行動です。指揮命令の「隙間を埋める」と言ってもいいでしょう。表現は適切ではないかもしれませんが、境界線のはっきりした「剛」の（固体のような）指揮命令ではなく、もやっとした「柔」の（空気のような）指揮命令雰囲気（判断基準）の中での判断と行動と言ってもいいでしょう。人が機械と違うところです。

組織を動かすためには、前者の指揮命令に相当する部分をしっかりと構築し、実行できるようにすることが欠かせませんし、事業者責任が求められるところです。一方、現実には、実際の業務の中で後者の占める割合が小さくないことも認識しておく必要があります。

　後者の判断と行動が、安全を含めた業務を的確に進めることに結び付くようにするにはどうしたらいいのでしょうか。いわゆる「人づくり」「職場づくり」をどうするかという課題と言い換えることもできます。前者（「剛」）の取り組み方が、後者（「柔」）の判断と行動に影響を与える面もあります。また、精緻な「剛」の取り組みでなく、組織としての大方針が「柔」の部分の判断と行動を左右する面もあります。例えば、「当社の『仕事』は、『安全に仕事をすることが仕事』」などといった『仕事』に対する考え方を示すことが、従業員の判断と行動を左右することになる面があります。

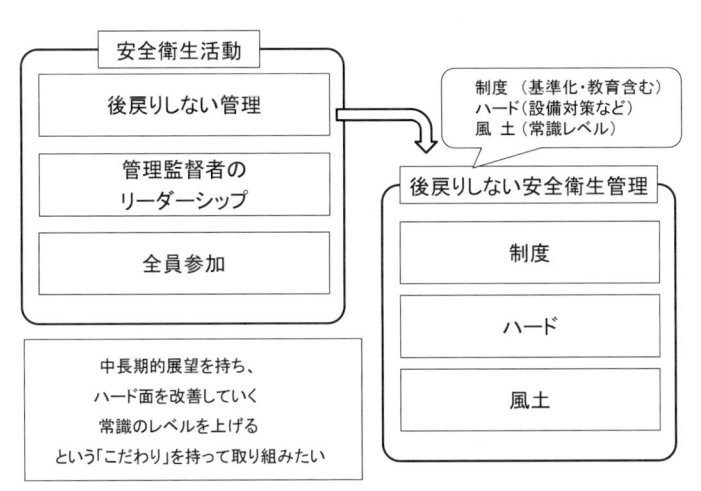

図Ⅰ-3　安全衛生水準を上げるための考え方（例）

従業員は、事業場（会社）が求めていることを敏感に感じて、判断し行動します。職場の管理監督者は、事業場（会社）の方針に従って（事業所長（社長）の意向を感じて）職場の従業員に接します。このような組織の中で、「剛」の部分と「柔」の部分を意識しながら、組織全体が「安全にいい仕事をする」ことに価値を見出すように、それぞれの事業場に合った方法を考えてみてください。

　なお、一般的に、組織構成員はトップに近付けば近付くほど、安全管理を含めた社会的責任の重みを感じるようになるところがあります。このようなトップの意向をうまく組織内に伝えていくことも「柔」の部分を変えていくことに繋がります。また、ぶれないトップの方針や社是は、従業員の安全に関する判断と行動に大きな影響を与えます。逆に言えば、その場限りの朝令暮改の方針は、従業員の判断を戸惑わせることで終わることになると思います。

(2)　場を設ける

　安全衛生管理責任は、基本的には会社（事業場）、事業者にありますし、安全衛生管理を推進する必要性も会社（事業場）にあります。

　安全管理者は、このような安全衛生管理において、安全管理の要として事業場責任者（事業場トップ、総括安全衛生管理者や事業所長）と十分な意思疎通を図り、安全管理を進めることが求められます。安全衛生管理に関する経営の方針を誘導する立場です。事故や災害の報告や決裁を仰ぐ時、あるいは安全衛生委員会の場だけで、事業場責任者に説明したり、指示を受けたりするだけでは十分ではありません。事業責任者に対して、事業場の安全衛生管理の状況や社外の情報を伝え、課題を整理して説明して、安全管理者としての

意見も伝える場を定期的に（例えば、月1回）設けることを勧めます。このような機会があると、事業責任者も気になっている課題などについて、安全管理者に確認しやすくなります。事業責任者も必要な時間と考えてくれると思います。

(3) 職場組織と連携する

　従業員数の多い事業場（職場数の多い事業場）などでは、事業場関係者間で必要な情報を共有し、職場の安全衛生管理について検討するために、一定の組織単位で部門毎に安全衛生責任者（以下、部門安全衛生責任者と表記します）を決めて、組織的な対応（会議を持つなど）をすることが必要となります。職場が主体性を持って取り組む活動の実務を担当する職場のキーパーソンにもなります。職場管理者の参謀かつ安全施策のリーダーと言ってもいいでしょう。部門安全衛生責任者を誰にするかということについては、いろいろな考え方がありますが、安全管理は職場のマネジメントに関わることであり、リーダーシップを発揮できる従業員が望ましいでしょう。いずれにしろ、どのような役割を期待するのかによって、部門安全衛生責任者の位置付けが変わりますので、事業場の状況に合わせて考えてみてください。製造業の現場第一線の部門安全衛生責任者であれば、月1回くらいは部門安全衛生責任者会議のような場を設けるといいでしょう。大きな事業場であれば、「安全」と「衛生」を分けて場を設けることも考えられます。

　このような組織的対応があったとしても、安全管理者として発信していること（方針、情報、考え方など）の伝わる範囲と、実際の業務へ反映される程度には差があるものだと考えた方がいいでしょう。発信する側は、発信すれば必要な範囲に伝わり、実践されるも

のだと思ってしまいがちですが、現実は簡単ではないと思います。また、第一線の従業員にまで伝わったとしても、何人もの人たちを介して伝わることになって、それぞれの人の受け止めや思いが加わって伝わりますし、従業員一人ひとりの受け止め方は違います。場合によっては、「安全管理者が言っているから仕方ない」といった類の前書きや「おまけ」が付いて伝わるかもしれません。完全にこのようなことを無くすことはむずかしい面がありますが、発信する内容が合理的である（納得感がある）ことと、わかりやすいことがまず必要で、できれば、丁寧に資料で説明するようにしたいものです。

(4) 作業主任者を支える

　法令で定められた安全関係の作業主任者を表Ⅰ-3に整理しました。作業主任者の資格は、免許試験合格または技能教習修了（修了試験あり）によって付与されます。免許については、受験資格がありますので一定の経験等が前提になります。技能講習は、受講資格として実務経験が必要とされる場合と、講習で得た知識だけで資格が付与される場合があります。
　作業主任者は、作業の方法を決めたり、関係の設備・機器を管理したり、作業を指揮したりすることが職務になりますので、職場の監督者が作業主任者なることが望まれます。職場の監督者が作業主任者にならない場合は、通常の指揮命令系統とは異なる系統で指揮などを行うことになります。このようになる場合は、管理監督者や、場合によっては安全管理者のサポートが必要になります。資格者を配置すること自体が目的ではなく、資格者がその知識や技能を活かせるようにすることが必要です。

表Ⅰ-3　安全関係の作業主任者

　下線は幅広い業種で必要になる可能性のある作業主任者、ただし補修工事などで必要な資格もあるので要注意

- ・ガス溶接作業主任者（免許）
- ・ボイラー取扱作業主任者（免許）
- ・プレス機械作業主任者
- ・コンクリート破砕器作業主任者
- ・土止め支保工作業主任者
- ・ずい道等の覆工作業主任者
- ・はい作業主任者
- ・型枠支保工の組立て等作業主任者
- ・木造建築物の組立て等作業主任者
- ・建築物等の鉄骨の組立て等作業主任者
- ・コンクリート橋架設等作業主任者
- ・コンクリート造の工作物の解体等作業主任者
- ・（普通・化学設備）第一種圧力容器取扱作業主任者
- ・林業架線作業主任者（免許）
- ・木材加工用機械作業主任者
- ・乾燥設備作業主任者
- ・地山の掘削作業主任者
- ・ずい道等の掘削等作業主任者
- ・採石のための掘削作業主任者
- ・船内荷役作業主任者
- ・足場の組立て等作業主任者
- ・鋼橋架設等作業主任者

　作業主任者にその職務を遂行させることは、事業者の責任＝安全管理者の仕事です。安全管理者が個々の作業について専門知識を持って指導できればいいですが、そこまでできなくても、それぞれの作業主任者が的確に職務を遂行できるように、事業場としての位置付けを明確にして、意識付けしたりすることはできます。場合によっては作業主任者から職場の課題について相談に乗ることもできます。作業主任者の上司に当たる管理監督者に対して、作業主任者をサポートするように求めておくことも必要です。

　関心があり、機会があれば、安全管理者が作業主任者の資格を取ってみることも、安全管理者としての知見を深めることになります。

(5) 事業場内関係部門と連携する

技術、開発、設備、予算、購買、工程、人事などといろいろと安全衛生管理と関係のある部門があります。関係部門と安全衛生管理について随時情報を共有して、一体となって事業場の安全衛生管理に取り組めるようにしておいてください。

また、安全管理部門と衛生管理部門が同じ部門にあるか、別の部門にあるかに関わらず、やはり定期に情報共有する場を持つことが必要です。意外に意思疎通が悪い事業場があります。同じ法令の規定をベースにして、同じ従業員の命と健康に関わる仕事をしているのですから、一体感と一貫性を持った安全衛生管理となるようにしたいものです。どちらかというと、安全管理は現場密着型で日々の現場の管理に目が行き、衛生管理は管理型の視点で地道に対応するといったことになりがちです。視点の違う人たちが、それぞれの見方で意見を交わし、課題を共有しておくことは、職場に信頼されて安全衛生管理を円滑に進め、実効を上げるためにも必要です。

(6) 関係会社・協力会社と連携する

法令では、元方事業者として「関係請負人（協力会社等）に対する安全衛生関係法令の順守に関する指導、指示（労働安全衛生法第29条）」が求められています。これは、すべての業種が対象で、製造業などの現業の業種に限られたことではありません。

コーポレート・ガバナンスの一環としても、関係会社（グループ会社）についても一体の運営（グループ経営）が求められる面があり、法令順守（コンプライアンス）やリスクマネジメントなどとして安全衛生管理も含まれることになります。

安全衛生部門としては、このような法令や経営課題も念頭に置きながら、関係会社や協力会社の安全衛生管理を支援することになります。事業の内容によって重点の置き方は異なりますが、情報の提供や安全衛生指導を行う機会を設けることが必要です。事業場の安全衛生管理と一体となった安全衛生管理を推進できるように工夫してください。定期に安全衛生関係の会議を持つことが取りあえずの対応になるでしょう。事業場に関係する関係会社や協力会社の協議会があれば、活用することができます。ただし、関係会社・協力会社はそれぞれ経営主体が違いますので、自主性を尊重し、連携して安全衛生水準を高めていくという姿勢が欠かせません。

(7) 社内・業界との関係を保つ

社内に複数の事業場がある場合は、各事業場と安全衛生管理のあり方について知恵を出し合い、連携して取り組めるようにしたいものです。安全衛生管理に関して本社機能を持つ部門があれば、安全管理者間の連携のリーダーシップを取ってもらいましょう。

同じ業界の事業場では、同じような課題を抱えていることがあると思います。情報管理の問題はありますが、同業他社の安全管理者と交流できるといろいろな気付きがあるでしょう。

4. 考えておきたいこと

　安全管理を進めるために、前提として考えておきたいことについて、前述の内容と重なる点もありますが、整理しました。記載していることを参考に、事業場が置かれている状況を見極めて、的を射た安全管理を進めてもらいたいと思います。

(1)　事業場としての最適

　まず必要なことは、事業場（会社）の事業内容や事業の進め方をキチンと理解して、事業場に合った安全管理を進めるということです。あなたはこのような点については十分な経験と知識を持っていると思います。安全管理のテキストに書いてあるとか、他社でうまくいっているということも貴重な情報であり、考え方ですが、事業場の実態や組織運営方式に合っていなければ、導入してもうまくいきません。あなたの経験や知識に、安全管理者としての視点を肉付けして、実効の上がる安全管理を進めていってください。直接的な安全管理だけに着目するのではなく、事業場としての「最適」という幅広い視野で考えることも欠かせません。

(2)　職場の推進体制

　事業場の安全管理は、従業員が就業している時間・場所すべてが対象になります。就業時間中の安全管理だけでなく、通勤時の事故（通勤途上災害）や就業時間外の交通事故も安全管理の対象になっ

ている事業場もあると思います。時間的にも空間的にも安全管理の範囲が非常に広いため、安全管理者がすべての対象に直接関与することは不可能でしょう。すべての従業員のすべての仕事を把握して管理したり指導したりすることはできないということです。事業場全体での企画や管理を除いて、実態としての安全管理は、職場の管理者、監督者、そして従業員一人ひとりが行うことになります。日々の安全管理の主体は現場にあると言ってもいいでしょう。このような職場をリードする立場の管理監督者が、自覚を持って的確な安全衛生管理を行うことができるように明示しておくことも必要です。

　既に安全衛生管理に必要な体制を整えている事業場が大半だと思いますが、考え方を整理しておきます。まず、管理監督者の安全衛生管理における立場を明確にする必要があります。例えば、組織単位に管理者を安全衛生管理者として位置付け、部長は部安全衛生管理者、課長は課安全衛生管理者として、それぞれの組織の安全衛生管理の責任者であることを呼称でも明確にして、事業場規程などに明記しておくことが考えられます。ここで言う、安全衛生管理者は、法令で規定されている安全管理者や衛生管理者ではなく、事業場として安全衛生管理を担う者という意味で用いています。監督者には、職場安全衛生責任者といった呼称が考えられます。

　新任管理監督者研修などで、このような事業場の安全衛生管理組織と、それぞれの管理監督者の安全管理における位置付けを説明し、本人の自覚を促すとともに、日常的にも安全衛生管理者としての職責が果たせるように事業場の安全衛生管理を運営するようにします。

　詳述しませんが、事業場として事業所長をトップとした事業場安全衛生管理体制を明確にしておくことが必要なことは言うまでもありません。また、職場の安全衛生管理を取りまとめ、リードする立

場の部門安全衛生責任者を置くことが望ましいことはⅠ編－3－(3)に記載のとおりです。

(3) 力量の分布

安全管理者の重要な仕事の一つに、職場が業務の中に安全を組み込んで、的確な安全管理を行うようにマネジメントすることがあります。ここで頭に入れておきたいことがあります。安全管理者のみなさんも、職場の管理監督者のみなさんも、管理監督者にふさわしいとして選ばれた人です。事業場で働く人たちは、それぞれにいろいろな能力を持った人で、得意とする分野も多様です。咄嗟の判断の優れた人も、そうでない人もいます。身体能力の優れた人も、そうでない人も、書いたり喋ったりすることが得意な人も、そうでない人もいます。さまざまな能力を持った従業員を対象にして、安全管理を考える必要があります。安全管理者や管理監督者が思ったとおり、特に自分と同じ能力の発揮をすべての従業員に求めてもうまくいかないこともあります。安全管理に限りませんが、人の能力には分布があることを忘れずに、安全管理や活動の企画をすることが大切です。

(4) 安全管理者の専門性

安全管理者に専門性はあるのでしょうか。安全管理者選任時研修を受講して気付いたと思いますが、安全に関する個別管理技術（例えば、クレーン設備や危険物の安全管理）についての知識は、関係法令として示されていること以外は、ほとんど含まれていません。求められていないということかもしれません。前述のとおり、一定

規模以上の事業場では、個別管理技術の課題への対応は、各所管部門や各職場が実施することになり、これが確実に実施されるようにすることが安全管理者の役割になっていると思います。

　安全管理と衛生管理の違いは、安全管理はこのような職場マネジメントがベースで、衛生管理は個別分野のテクニカルな対応がベースにあるといった点が特徴的だと筆者は考えています。安全管理には、スタッフ部門を含めて「職場の実行力を高める」ことが求められています。経営者から現場第一線の人までの全従業員が「安全に仕事（事業）を進めよう」という気になるようにリードしていくということです。ここに、大きな意味での安全管理者としての「専門性」があると思います。

　安全管理全体をマネジメントする意味では、法令に関する知識以外に、リスクアセスメント、機械安全、OSHMSなどの適用・運用に、安全管理の「専門性」があると考えます。さらに、安全管理者が安全管理者として「専門性」を発揮するためのベースとして、個別分野で言えば、社内外の事故や災害の事例の情報を得て、自分の事業場の実態を多面的かつ解析的に見つめ、把握して、実施すべきことを考えることが必要です。

(5)　リスクマネジメント

　リスクマネジメントは、経営の中で大きなウェイトを占めます。会計上に現れてくる問題もありますが、そうでなくても、社会的信用を損なうことになれば、経営の責任が問われることがあります。経営者の責任が問われるだけでなく、従業員、地域住民、取引先、そして投資家（株主等）からの信用を失い、事業運営への影響が出てくる可能性もあります。リスクマネジメントの問題は、経営者の

問題だけではなく、会社で働く従業員にとっても重要な問題です。リスクマネジメントのために安全管理をするということではありませんが、リスクマネジメントの視点は極めて重要です。

　投資家が行う投資の考え方は大きく二つに分けると、短期の収益を求めて株式などの売買をする投資と、安定的で継続的な収益を求めて株式などを保有する投資があります。いきなり投資のことで、戸惑うかもしれませんが、会社（事業場）の安全管理は投資判断の目安にもなります。わかりやすい例としては、大きな事故などが発生して復旧に長期間を要するとか、多額の損害賠償責任を負うことになれば、直接会社の損益に影響し、株価に影響すること（株が売られるなど）が挙げられます。このような事件・事故による損失を生じないようなマネジメントに加えて、従業員が意欲的に業務に取り組む環境の整備などを、事業の安定的な収益の基盤と位置付ける長期的投資の指標（企業価値の評価）があります。以前からSRI（Social Responsible Investment、社会的責任投資）が注目されましたし、最近ではESG（Environment Social Governance、環境・社会・ガバナンス（企業統治））投資が話題になっています。金融サービス会社が評価の指標（インデックス）を設けて、企業を評価（適切な管理が行われているかの客観的評価、経営者との面談（企業との対話）などを通し評価）して、安定的な投資先を選定します。このような評価の中にリスクマネジメントも含まれています。安全管理はこのような面からも注目されていることを知って、事業場の安全管理に取り組んでもらいたいと思います。

　リスクマネジメントの中で安全管理に関わる主なものは、法令順守、災害の頻発、重篤な災害、関連訴訟などです。安全管理者の対応として特に重要なことは、大きく分けて2点です。一つは、未然防止に関することで、安全管理上の問題が発生しないように、必要

な対策を実施することです。重篤な労働災害の発生、労働災害の頻発、関連する事項としての大きな事故（爆発、危険有害物の大量漏えい、崩壊等）などが社会的に注目を集め、経営に対する不信を招くことになります。抜本的な対策は、すぐに実施できないこともありますが、着実に計画的に改善を進めていくことが必要です。ただし、法令に違反することや産業界の標準レベルから見て、著しく遅れている状態のまま放置されているようなことがあれば、直ぐに対応しなければなりません。もう一点は、隠ぺいを含めて、発生した事態に対する不誠実な対応です。会社（経営）の評価を下げないためと思っての言動が、結果として社会から指弾されるようなことがあってはいけません。万が一、大きな事件や事故が発生してしまった時には、内向きではなく、社会を向いて誠実に対応することが必要です。このような状況への対応について、安全管理者が一人で判断することはないと思いますが、上司と相談して、事業場としての適切な対応に結び付けてください。

　なお、事業場の安全管理水準は、一般の人や投資家、取引先など社外の人には、わかりにくいものです。客観的な評価という意味では、OSHMSの認定や認証が指標になることもあります。

(6)　安全管理責任の境界

　建設工事や補修工事、設備の据え付け、試運転、原材料や半製品の搬入、製品の搬出、車両の出張整備、購入品の納品などでは、社外の事業者が行う業務と事業場の業務との接点（仕事が干渉する場所と言ってもいいかもしれません）で事故や災害が発生することがあり、安全管理責任はどちらが負うのかが問題になることがあります。労働安全衛生法では労働者を使用する事業者としての責任と（特

定）元方事業者としての責任、あるいは危険有害物を譲渡・提供したりする者の責任などについて規定があります。法令に規定された責任を全うすること以外の事業者間の責任区分は、契約書や付随する覚書などで明確にしておくといい面がありますが、細部まで明確にしておくことが困難なことも少なくありません。事業場の安全管理を担う立場で一度考えてみてください。合理的で誰もが納得する判断が求められます。いくつか例を挙げて考えてみます。

労働安全衛生法では、元方事業者の関係請負人とその労働者の法令順守指導と、「同一の場所」で行われることによる労働災害の防止について、必要な措置（合図の統一など）を行うことを求めています。「同一の場所」とはどの範囲か、どのような措置が必要なのかについては、よく法令などを調べて確認しておいてください。かつて、職業安定法の関連で、「請負会社従業員への直接の指揮命令は違法だ」ということが注目されて、安全管理の面でも議論がありました。業務の内容についての請負会社従業員への指揮命令は、請負会社の管理者・監督者を通して行うことが必要ですが、労働災害防止について請負会社従業員に現場で直接声を掛けて安全確保することに躊躇する必要はありません。「人として」普通に判断すればいいことでしょう。

建設業など（特定元方事業者）では、関係請負人の労働者を含めた労働災害防止上の措置を講じることに加えて、一定数以上の労働者数となる場合は、いわゆる統括安全衛生管理体制の下で労働災害防止の措置を実施することになっています。自ら建設などの仕事を行わず、仕事を請け負わせる側（発注側）は、施工方法、工期等について、工事などが安全に遂行できるように配慮することも必要です。工事（補修工事、建設工事など）の時は、少なくとも発注側と受注側（工事施工者等）がそれぞれの安全管理責任を果たすことが

求められますが、法律上の安全管理責任の所在は別にして、発注側は依頼（発注）した仕事が安全に遂行されることを望むのは自然な考え方だと思います。責任が無いから関係無いというのではなく、受注側が安全に工事等を実施できるようにサポートすることが必要だと筆者は考えています。このような姿勢は、事業場従業員の安全に対する受け止め方にも影響を及ぼします。

試運転は、設備機械メーカーなどと発注者（利用者）側の接点で事故や災害が生じやすいタイミングです。試運転時の安全確保に必要な事項（指揮命令系統、役割分担、連絡調整、合図、周辺作業との調整など）を決めて、周知しておくことが欠かせません。契約や覚書などの文書で、双方の役割分担などを明らかにしておくこともトラブルの防止に役立つと思います。

原材料や半製品の搬入、製品の搬出などでトラックなどを利用することが多くなりますが、荷役作業時の安全について、運送業務従事者を含めた安全対策を考えておく必要があります。厚生労働省から「陸上貨物運送事業における荷役作業の安全対策ガイドライン」が出され、関連のパンフレット（厚生労働省、陸災防）も発行されていますので参考にしてください。

法令上の安全管理者の責務ではありませんが、業務遂行中での安全管理だけでなく、従業員の通勤途上での事故や災害についても指導や啓発が必要でしょう。さらに、従業員の命と健康を大切にすることが事業の発展に繋がるという考え方をベースに、家庭での安全（24時間の安全）を従業員に呼び掛けている事業場もあります。責任の所在に関係なく、本人や家族等にとっては、どこでどのようなことがあろうと、命と健康の重みは変わりませんので、時間的境界線はないということになります。

「境界のある」業務についての安全管理の考え方について概略を

記載してきましたが、各事業場での課題を確認して、関係者と（事業者間で）協議・協力・調整して、境界域を認識しながら、関係する従業員の安全を確保するようにしてください。

(7) 派遣やパートの従業員

　安全衛生管理責任に関しての詳細は、法令や市販されているテキストで確認してください。大ざっぱに言えば、派遣労働者については、従事している作業と環境に関わる安全衛生管理は派遣先（派遣を受けている側）が責任を持つことになります。パート従業員は、就業時間が短いだけで、安全衛生管理については正規（常勤）従業員と同じと考えれば間違いありません。

　「派遣」「パート」ということで安全管理に境界を設けると、職場の安全管理全体にもマイナスの影響があると思います。垣根ない安全管理が望まれます。

5. 幅広い視野を持って取り組む

　事故・災害だけの問題として安全管理を考えるのではなく、幅広い視野を持って取り組むことが、多くの共感も得て、より質の高い安定的な安全管理に結び付きます。安全の課題に取り組む時に、視野に入れておいて欲しいことを取り上げて概説しました。

(1)　人間を直視する（人間工学の職場適用）

　人（特に日本人）はがんばってできることは、多少無理をしてでもやってしまう面があるのではないでしょうか。決して悪いことではありませんが、無理をした時に、事故や災害が起きやすいとされています。無用な負荷を減らすことは、安全な行動を支えることになります。人間の心身の特性を理解して、効率的でミスのない安全な仕事ができるようにするためには、人間工学の考え方（発想）がとても重要です。人間工学は、人間の「心理的」「生理的」「身体的」特性に合わせた設備・器具・作業・体制等の設計や改善を行う学問・技術で、ヒューマンエラーを抑制したり、心身の無用な負荷の軽減によって集中力を持続させ、安全な作業に結び付けることができます。わずかな改善で負荷を軽減でき、かつ作業能率や品質の向上を図ることに繋がることもあります。

　人間工学面で課題があるわかりやすい例としては、

・支えのない前傾の姿勢では手先が安定しない
・予告のない突然のアラームには対応しにくい
・情報量が多すぎてもっとも必要な情報を瞬時に判断できない

- ・後ずさりしながらでは前方の作業に集中できない
- ・細すぎたり太すぎるレバーは操作しにくい
- ・肘を上げた状態では細かい仕事がしにくい

などがあります。

このような課題に気付くためには、実際に作業をしている従業員が、「楽に間違いなく仕事ができるようになるかという目で作業を見直す」とか、安全管理者等が「このような目で現場を見る」、あるいは「実際に作業をやらせてもらって気付く」ということが簡単な方法です。チェックリストなどで「気付きの視点」を提示する方法もあります。安全管理者が職場に出向いた時に、このような点に気付いてアドバイスができれば、職場の従業員からより信頼され、頼りにされるようになると思います。

なお、欧米では、安全衛生管理部門に人間工学の専門家を置くなど、人間工学は安全衛生管理の基本だと考えている国が少なくありません。人間工学に関連した出版物がたくさんありますので、参考にしてください。

(2) 作業環境と作業負荷

安全の問題を考える時に、設備や行動などの面が中心になりがちですが、業務を行う作業環境も安全管理に大きな影響を及ぼします。作業環境の負荷が従業員の集中力を低下させたり、業務の的確な遂行を阻害したりします。例えば、暑熱環境（温度、湿度など）、明るさや粉じんなどの作業環境の問題もありますし、重筋作業や作業姿勢が不自然にならざるを得ない作業、作業に伴い汚れが身体等に付着してしまう作業など、集中力が維持しにくい状態での作業は要注意です。足元の不安定な状態、自由度が無い（身体を動かす空間

が限定される）作業なども負荷の大きな作業です。このような負荷を減らす対策を実施することは、当該の仕事をする従業員（職場）の仕事に対するより前向きな気持ちを引き出すことにもなります。前項の人間工学の範疇の課題でもあります。

　この本では詳述しませんが、化学物質による中毒や酸欠などについても的確な対応が必要なことは言うまでもありません。

(3)　ストレス、パワハラ・セクハラ

　ストレスが過多であったり、過重労働の問題があったり、あるいはパワハラ・セクハラなどのハラスメントが見られる職場で、安全だけがハイレベルということは考えにくいでしょう。トータルとしてみれば業務の効率も下がりますし、従業員の意欲が低下することにもなります。集中力も低下して判断ミスなどに繋がるおそれもあります。事業場（会社）経営の基本としてこれらの問題を考える必要があります。この本では、詳述しませんが、安全管理と無関係ではありません。

(4)　健康と安全

　安全管理は従業員のケガを防止することを目指し、健康管理は従業員が病気にならないようにすることを目指しています。会社としての責任の程度に違いはあっても、事業場で働く「人」を大切にして、充実した仕事ができるようにするという点では同じです。安全管理だけで、従業員の安全な意識を高めていくことはむずかしいでしょう。ベースにあるものは同じだとの認識を持って、従業員の健康管理についても考えるようにしてください。

(5)　ダイバーシティの視点

　ダイバーシティの視点は、法令に定められた事項を順守することは前提として、すべての従業員が、安全に、それぞれの持てる力を最大限発揮できる環境や制度にするということが基本です。

　男性と女性では、身体的機能や特徴の違い、生理的機能の違いがあります。外国人従業員は、言葉や生活習慣の違いに配慮が必要な場合があります。日本人従業員の仕事を外国人従業員が引き継ぐ場合は、日本人と同様に「安全に仕事をする」ことができるようにするという視点で必要な対応を検討することになります。障害者は、障害の内容を踏まえて環境などを整備することが基本で、実際の業務の状況を見ながら改善すべき点があれば対応していくことも必要です。

　ダイバーシティの範疇で考えられることは少ないですが、高年齢者についてもその特徴を理解した対応が必要です。年齢を重ねても就労する人が増えてきています。加齢によりどのような機能の変化があるのかを踏まえて、安全に業務を遂行できるようにすることが求められます。

　ダイバーシティへの対応というよりも、すべての従業員が安全に働きやすい状態をつくるという視点で取り組むことが、従業員のより前向きな気持ちを引き出すことに繋がるマネジメントになります。

　ダイバーシティへの対応については、関係する行政機関のホームページや独立行政法人高齢・障害・求職者雇用支援機構の資料、中災防のテキストなどにも、対応の考え方やノウハウが掲載されていますので参考にしてください。

II

安全管理者としての仕事に取り組む

1. 安全委員会に臨む

「安全衛生委員会の活性化が必要だ」との声を聞きます。安全衛生委員会は、法令で規定された場ですから、法令に規定された運用が必要です。ただし、事業場の安全衛生管理のあり方を議論する場を安全衛生委員会に限定することが最適だとは言えません。この章に記載していることも参考にして、安全衛生委員会を適切に運営するとともに、事業場としてもっとも実効の上がる組織（会議体）運営を考えてください。

(1) 安全衛生委員会とする

法令で安全委員会を設けなければならない事業場は、衛生委員会も設ける必要があります。別々に開催することが基本だと考えることもできますが、安全衛生委員会として開催し、「安全の課題」と「衛生の課題」を関係者で共有することが望ましいと考えます。「安全」と「衛生」は、同じ法令の下に管理を行いますので、別々の委員会で議論すると職場に混乱が生じかねません。わかりやすい例で言いますと、化学物質の管理（リスクアセスメントなど）について、危険性については安全委員会で、有害性については衛生委員会で、別々に議論することが適当でないことは明らかです。一方で、議題が増えることによる制約があることも事実です。

なお、留意すべきこととして委員の構成があります。法令では、議長を除き事業者が指名する委員と労働組合（従業員代表）の推薦する委員を原則として同数とすることが求められています。安全衛

生委員会として開催しようとすると、少なくとも事業者が指名する委員の中に安全管理者、衛生管理者、産業医が含まれていなければならなくなり、事業者指名の委員が多くなりがちです。同数としなくても構わないのですが、労働組合との間で締結する労働協約の中に明記しておくことが必要です。労働組合（従業員代表）と事前に十分検討して、前向きな取り組みとして受け止められるようにすることが前提となります。

(2) 法令に沿った運用

　安全衛生委員会は、基本的に法令の規定に従って実施しなければなりません。一方で、法令に規定されていないことを安全衛生委員会で検討しても構いません。例えば、安全衛生環境委員会や安全衛生防災委員会として同じメンバーで、安全衛生管理関係以外のことを検討することも可能です。この場合は、安全衛生関係の議題と他の議題（環境や防災など）を分けて、資料を区分したり、議事の進め方を区切ると混乱がありません。

　なお、労働安全衛生法は、安全委員会で調査審議する事項（付議事項）として、表Ⅱ－1の項目を掲げています。この規定で、何が「重要事項」に当たるかは、労働安全衛生規則に規定された以外のことについては、事業者の判断ということになります。

表Ⅱ−1　安全委員会の付議事項…筆者による法令規定事項の要約

・労働安全衛生法第17条（安全委員会）

1　労働者の危険を防止するための基本となるべき対策

2　安全に係る労働災害の原因および再発防止対策

3　その他労働者の危険の防止に関する<u>重要事項</u>

・労働安全衛生規則第21条（法第17条で規定された付議事項でいう <u>重要事項</u>として含まれる事項）

1　安全に関する規程の作成

2　危険性または有害性等の調査およびその結果に基づき講ずる措置 （リスクアセスメント）

　　・危険性または有害性等の調査等に関する指針（平成18年指針 公示第1号）に基づく措置

　　・化学物質等による危険性または有害性等の調査等に関する指 針（平成27年指針公示第3号）に基づく措置

3　安全衛生に関する計画の作成、実施、評価および改善（労働安全 衛生マネジメントシステムの運用等）

4　安全教育の実施計画の作成

5　厚生労働大臣、都道府県労働局長、労働基準監督署長、労働基準 監督官または産業安全専門官から文書により命令、指示、勧告また は指導を受けた事項

（3）　委員会を意義ある場にする

　折角開催する安全衛生委員会ですから、意義ある場にしたいもの です。法令では、委員会の目的を「安全衛生に係る事項を調査審議 して、事業者に対して意見を述べさせる」こととしています。これ は、安全衛生管理は基本的には事業者の責任で行うことになってい るためです。裏返して言えば、委員会は決定機関ではありません。

多数決をする場でもありません。実際にこのような運用はしません
が、委員会の意見を無視して安全衛生管理を行っても構わないこと
になります。いずれにしろ、折角の場ですから、しっかりと意見交
換ができるようにしたいものです。

　なお、付議事項ではありませんが、安全衛生委員会の中で、安全
衛生管理に関する国内外の情報や関係する研究などの情報を提供し
て、事業場の安全衛生管理への適用について意見交換することも
あってもいいでしょう。

　安全衛生委員会の前か後に、委員会としての巡視（現場確認）の
時間を設けている事業場も多いと思います。現場を見て指摘すると
いうことではなく、職場の現状を見たり、職場の従業員の声を聞い
て課題を把握して、安全衛生委員会の議論にも反映させるという機
会にしたいものです。あるいは、現場第一線の人たちを激励する場
だと決めてしまう方法もあります。おそらく、大名行列のような形
で巡視して、指摘するという進め方では、受け入れる各職場の方が
あまり意義を感じないのではないでしょうか。

⑷　委員会を補強する

　安全衛生管理に関する事項を検討する場を安全衛生委員会に限定
する必要はありません。安全衛生委員会の付議事項は多岐にわたり、
委員会で十分審議検討できないことがあるのも現実だと思います。
このような場合は、委員会とは別に下部組織を設けて、別途に調査
審議することがあってもいいでしょう。下部組織を設ける場合は、
常設組織とする場合と、必要に応じて臨時で設ける場合があります。
事業場の状況に応じて考えてみてください。

　事業場の安全衛生委員会に加えて、職場単位で安全衛生会議を設

けることもよく行われています。名称はさまざまですが、例えば、部安全衛生委員会、課安全衛生委員会、係（職場）安全衛生会議などがこれに当たります。大きな事業場などでは、事業場としての安全衛生管理を徹底する場として必要ですし、それぞれの組織（部、課など）で主体的な安全衛生活動を検討する場としても必要でしょう。

　下部組織との位置付けでなく、事業場として安全衛生管理を推進する組織としての会議体を設けても構いません。例えば、事業所長（社長）を筆頭に全役員・管理職が出席する安全衛生管理者会議（例）、加えて協力会社の責任者なども出席する事業場安全衛生協議会（例）なども考えられます。事業場としての安全衛生管理の方針や考え方を徹底するとともに事業所長（社長）からの指示などを受けるということなどが目的になると考えられます。

　I編－3－(3)に記載のとおり、事業場によっては、事業場の安全衛生部門と各職場（部・課など）が連携を取って実効の上がる安全衛生管理を行うための部門安全衛生責任者との会議も必要でしょう。安全衛生委員会の下部組織との位置付けでなくても構いません。事業場の安全衛生委員会として調査審議したことや上記の事業場独自の会議での指示などの周知、事業場の安全衛生管理施策の検討などを議題にすることになるでしょう。

　これらの会議メンバーや議題には何の制約もありません。事業場の安全衛生管理を推進するために必要な運用をすればいいことになります。労働組合（従業員代表）も会議メンバーとした方がよいとは思いますが、事業場の判断です。安全衛生管理に関する事業場の課題の質・量を勘案して考えることになります。ただし、このような事業場独自の安全衛生関係会議で、法令で規定されている安全衛生委員会の付議事項を議題にする場合は、安全衛生委員会の付議事

項との紐付けをしておくことが必要です。

　これも前述しましたが、事業内容によっては、事業場関連のグループ会社（関係会社）や協力会社、またはその代表との会議体もあってもいいでしょう。

　これらの会議体については、恒常的なものであれば事業場規程などに位置付けを明記しておくと運営もしやすくなります。

2. 職場の状態の把握

　職場の見方は、『対話重視の安全パトロール　13のポイント』（中災防の出版物）によくまとめられていて参考になりますので、読んでみてください。この章では、筆者として、特に強調しておきたいことを紹介します。この章は「職場の状態の把握」としていますとおり、実態を把握して、職場の状態を良くしていくという視点を中心に取り上げます。なお、この章では、問題点を見付けることが、現場確認の中心のように記載していますが、実際には、現場の「いい状態」や「工夫」に気付くこともあります。このような場合も、なぜそのようになっているかについて考え、事業場の安全衛生管理に活かすようにしてもらいたいと思います。

(1)　巡視の考え方

　前述しましたが、法令（労働安全衛生規則）では、「安全管理者は、作業場等を巡視し、設備、作業方法等に危険のおそれがある時は、直ちに、その危険を防止するため必要な措置を講じなければならない」とされています。「危険のおそれがある」という状況を見付けて「直ちに必要な措置を講じる」というのは、なかなかタイミングとしてむずかしそうです。安全管理者自身が確認できる範囲は、時間的にも空間的にも限られています。それだけに、職場を見る時は想像力を働かせることが大切ですし、職場の従業員が安全な作業をしようという意識を高めるように誘導することが重要です。

　現場を見て、現場で聞いて、想像して、事業場としての安全管理

のあり方を考えるために「巡視」があると考えると現場に行く意義も広がってきます。また、現場に出向いた時に、職場の管理監督者や従業員と接することを通して、職場自身が幅広く課題に気付き対応するようになることも期待できます。安全管理者が現場に出向く時は、「広がりを持たせる」ことを意識しておくことが大切です。「指摘する」というところに留まらないようにしてください。

(2) 現場確認を活かす

「指摘」しなくても、現場第一線の人や関係者の安全衛生に対する意識を引き出し、安全な状態を作っていくという考え方を持てば、意味のある「巡視」をすることができるでしょう。「指摘しなければ」という意識は、現場第一線の人たちの安全衛生に対する受け止めが、その場限りのことになってしまう可能性があります。

安全管理者巡視の目的は「巡視すること」ではなく、良くしていくことです。ハード面の不具合であれば、不具合を無くす（修理する、改善する）ために必要な対応を取ることになります。従業員の不安全な行動が見られた場合はどうでしょうか。ともすると、指導することで終わってしまう、つまりその時限りのこととして終わってしまうことがあります。その都度の指導も大切ですが、そのような状態になぜなっているかについて考えて、気付いたことに対する事業場としての対応を考えましょう。言い換えると、現場第一線の方に問題があるのではなく、事業場としての安全管理に課題があると考える方が、より実効の上がる対応ができます。前述のとおり、安全管理者が現場を確認する時間は限られていますし、その対象も限定的にならざるを得ませんので、想像力を働かせて、現場の実態をつかみ、必要な措置に結び付けることが大切です。あわせて、職

場の管理監督者と課題を共有することも欠かせません。

　また、巡視中に気付いたことは、その場で伝えるべきだとの考え方があります。大切なことですが、安全管理者として大切なことは、その気付きを、安全衛生施策やハード面の対策に活かすことです。その場限りのことで終わらせないで、同じような不安全な状態や行動が生じないようにしていくという視点が必要です。

(3)　現場確認の方法

ア．話を聞く

　現場を確認するというのは、見るだけでなく、現場で業務を行う従業員から話を聞くということも含まれます。安全衛生に直接関係ないことを含めて現場で聞いたり、確認してください。現場第一線の仕事に関心を持って話を聞くことは、現場第一線の人たちが安全管理者を身近に感じ、安全に対する前向きな意識を引き出すことに繋がります。特に現場第一線の人が誇りを持って取り組んでいることは、熱心に説明してくれるはずです。このようなことに関心を持って聞くことが、安全衛生水準の向上の契機にもなっていきます。

イ．やってみる

　現場第一線の状況に気付く方法として、「やってみる」という方法があります。現場第一線では、既定の仕事の仕方に慣れて、負荷の大きいことも「当たり前のこと」として受け入れていることがあります。

> ・手にとってみる…保護具、工具、部品など
> ・行ってみる…作業位置、点検・段取替えの場所、設備の上・下・

　よく取り上げられる事例として、フォークリフトや大型車の運転席に座ると死角に気付くといったことがありますが、「やってみる」ことは、現場を見る目を一段高めることになります。ただし、このような確認方法が、ケガやトラブルに繋がったり、現場第一線の人に嫌がられる場合、迷惑になるような場合は避けなければなりません。経験的に言えば、現場第一線の人は「自分の仕事を理解しようとしてくれている」と好意的に受け止めてくれることが多いと思います。職場の人に声を掛けて「やってみて」ください。

ウ. 想像力を発揮する

　繰り返しになりますが、課題を見付けたり、現場の状態をより良くしたりするためには、空間・時間の広がりを持った想像力（感性ということもできるかもしれません）がいるでしょう。「想像すること」は「現場第一線の人がどのような状況の中で仕事をするのか（することになるのか）」を考えるということです。「痕跡から想像する」などのことも視点として重要です。例えば、「油で汚れている」状態があれば、「なぜ汚れるのか」「どうやって掃除するのだろう」などといった見方をしてみましょう。扉があれば「どのように開けるのか・閉めるのか」「開け閉めすることによって環境は変わるか」「扉を通る時に危険はないか」「緊急の時にはどうなるか」「開け閉めしやすいか」など、いろいろなことを想定して考えてみると目の

前に見えている以上のことが見えてきます。

　目の前にある設備や状態から非定常の作業を想像して確認することも大切です。この設備は、「どうやって点検するのだろう」「段取り替えの時にはどんな姿勢でするのだろう」「どんな工具を使って補修するのだろう」「バルブやコックはどうやって動かすのだろう」などと考えながら現場を見ましょう。

　意外に気付きにくいのが「仕事のしやすさ」や「見やすさ」の問題です。安全衛生管理の視点で重要なことの一つに、実際に仕事をする人の立場に立って考えるということがあります。「この姿勢であれば腕が動かしにくいな」とか、「反射する光で見にくそうだ」とかいう視点です。作業環境の負荷もあります。このような視点での質問やアドバイスは、現場第一線の人たちと安全管理者の距離をぐっと近づけ、安全管理施策の実効性を高めることに繋がります。Ⅰ編－5－(1)(2)にも記載した視点です。

エ．見えないところに目を向ける

　目に付きにくい場所や時間帯に、危険な場所、有害な環境、負荷の大きい作業など安全衛生上の課題が残っている可能性はないでしょうか。主要な作業が行われる現場を見ることは欠かせませんが、「裏側」にも気を付けることが必要です。ただし、直接把握できることは、時間的にも空間的にも限定されます。これを補うのは、前述した想像力に加え、現場第一線の人たちとの幅広い意味でのコミュニケーションでしょう。職場を預かる管理監督者や現場第一線の人たちにも声を掛けて、困っていることや大変な作業について聞いてみてください。共に課題を解決していく姿勢があれば、いろいろと教えてくれたり、相談されたりして課題の解決にも繋がります。

オ．雰囲気を感じ取る

　職場に出向く意義は、設備面や行動面の課題に気付くことだけではありません。職場の雰囲気を感じることも大切なことです。職場の雰囲気は、いろいろなことによって左右されますが、職場のマネジメントの状態を反映していることが少なくありません。職場で解決できない課題が背景にあるかもしれません。そのような気付きがあれば、職場の人に話を聞いてみるとか、職場管理者や監督者に伝え、話をして、職場従業員が安全に前向きに仕事ができる状態に結び付けたいものです。

(4)　書類を確認する

　職場で整備している書類なども確認しましょう。

　設備・機器や保護具などの日常的な点検の結果の記録を確認すると気付きがあります。例えば、点検の結果、不具合が見付かって部品交換したなどの記録があれば、どのようにしてその不具合を見付けたのかを聞き、「キチンとした点検をしている」ことに対して職場の姿勢を評価することも必要です。逆に、必要な点検をキチンとせずに、点検の記録が作成されていることもあるかもしれません。その場合は、なぜそのようなことになっているのかについて、まず考えてみてください。その上で、そのような状態にならないような手立てを講じることになります。点検をキチンとしていない職場を責めることは簡単ですが、根本的な解決に結び付かないこともあります。

　作業標準書（作業基準書、作業マニュアル）も確認してください。すべての作業を熟知していないと、作業標準書に書いてあることが適切かどうかを確認することはむずかしいかもしれません。どのよ

うな作業について作業標準書が整備されているかを確認したり、職場の従業員に作業標準書をどのように活用しているかを聞いてみたりすることは誰にでもできます。保管の状態や改正の状況からも気付きがあるかもしれません。作業標準書は、安全な作業を遂行するために欠かせないものですが、作業する時の一挙手一投足まで記載することはできませんし、もし書いてあっても、実際の作業では活かすことができないことがあるはずです。作業標準書の役割として、「安全な作業の要点を作業を行う従業員が認識できること」だとの視点で、職場にある作業標準書を確認してみてください。事業場として対応すべきことがあるかもしれません。

(5) 職場活動を確認する

　現場に出向いたら、必ず職場での安全衛生関係の活動についても確認しましょう。前述しましたが、活動に取り組む従業員の話を聞くことによって、安全衛生管理に対する前向きな気持ちを引き出すようにします。なお、間違い探しのような確認の仕方は、安全衛生管理の形骸化を生みますので、注意が必要です。

　職場活動の確認は、事業場のトップや幹部（経理担当など直接に安全衛生管理に関わっていない職制でも構わない）が、職場に出向いて、関係者から直接話を聞くことも職場の士気を高めることに繋がります。定例の巡視などの決まった場でない方が効果的かもしれません。安全管理に直接関わっていない立場にある事業場幹部にも、職場に気軽に現場に出向いてもらえるようにしておきたいものです。気の利いたアドバイスをしなくても、職場の安全活動や状況に関心を示し、職場の従業員の前向きな取り組みを促すことも念頭に、職場に出ることに意味があるという認識が、事業場としての共通認

識になるといいでしょう。「声を掛け、話を聞いた分だけ安全水準が上がる」という面があるほか、安全衛生管理に限らず事業場としての一体感醸成にも繋がります。

3. 安全管理基盤の確認

　安全衛生水準を着実に向上させていくために必要なことがあります。日々の管理も大切ですが、ベースとなる管理を整えて、事業場としての継続的な安全衛生水準の向上に結び付けていくことが必要です。基盤となる事項について要点を整理します。

(1)　規程・基準の整備

　何を根拠にして事業場としての安全衛生管理を行うのかを明確にしておく必要があります。法令に規定されていることをベースにするにしても、事業場として対応が必要な事項についての整理が必要です。法令に具体的に示された事項以外にも事業場として実施すべき（実施すると決めた）事項があるはずです。このような事項を含めて、事業場規程・基準として制定し、職場（従業員）に周知し、安全衛生管理の「より所」としていくことが大切です。安全衛生管理体制、教育、設備、機器等の管理、職場活動などについて規定することが考えられます。

　安全衛生管理の「より所」とするためには、欠かせないことがあります。関係者が「より所」として認識することです。このためには、制定時の関係者での十分な検討と、規定内容の納得感、わかりやすさ（体系的整備と表現）、確認容易な提示方法（規程・基準集として各職場にファイルとして保管、事業場内イントラネットに掲載など）、定期および随時の見直し（アップデート）、安全衛生部門の「より所」としての扱い方などが必要です。安全管理者は、安全

管理に関する事業場規程・基準を整備する責任者です。しっかりと管理してください。

　なお、事業場の規模や事業の特性によっては、規程・基準の体系として整備するまでのことは必要ないかもしれません。基本となる規程（事業場安全衛生管理規程など）だけ整備し、その他のことは通知文のような形で整理するといった対応も考えられます。何も残っていないと、時間と共に折角取り組んだ施策が霧散していってしまいます。過度に対応する必要はありませんが、安全管理を着実に向上させるために必要な範囲で取り組んでください。教育テキストなどの形でまとめておくという方法もあります。事務的な手続きなどは、安全衛生管理要領のように規程・基準とは別の形でまとめる方法もあります。

　詳述しませんが、技術部門や管理部門が果たすべき役割についても事業場規程・基準で明記しておくことが大切です。それぞれが所管する業務の中で、安全衛生管理に関わる確認や判断をどのようにするのかを具体的に事業場規程・基準などで明記しておくと、技術部門や管理部門が迷うことなく、現場の安全衛生管理に必要な業務を進めることができます。

表Ⅱ-2　事業場安全衛生規程・基準の体系例

分　類	名　称
基本共通	事業場安全衛生基本規程
	安全衛生マネジメントシステム運用規程
	安全衛生管理体制規程
	安全衛生会議規程
	安全衛生教育実施基準
	職場安全衛生活動推進基準
	事故や災害・疾病発生時の対応基準
	安全衛生関係統計整備基準
	安全衛生表彰基準
	安全衛生保護具選定・管理基準
	・・・・
健康管理	職場日常健康確認実施基準
	・・・・
リスクアセスメント	設備・作業の危険有害性調査措置基準
	化学物質リスクアセスメント基準
設備安全衛生管理	設備新設改造時の審査基準
	安全衛生対策設備点検基準
	工事発注管理基準
	クレーン等管理基準
	ボイラー等管理基準
	表示・標識・色彩塗装基準
作業安全管理	クレーン玉掛け作業合図基準
	作業指揮者指名要領
	・・・・
作業衛生管理	有機溶剤取扱作業基準
	・・・・

(2) 作業標準書

　作業標準書（作業基準書、作業マニュアル）は、安全な作業を遂行するためには不可欠です。作業標準書の作り方や管理などついては、さまざまなテキストがありますので、参考にしてください。

　事故や災害が発生すると「作業標準書に不備があった」とされることがあります。作業標準書に間違いがある（作業標準書に従って作業をしたら事故や災害に結び付く）といったことはあってはなりませんが、一方で、すべての行動（動作）を作業標準書に記載することは不可能です。細部のことまで考えると、状況に応じての判断に基づく行動（動作）が必要になるという現実を忘れないようにしてください。作業標準書が作られていない業務も相当な数があるはずです。たとえ作業標準書に記載がなくても、的確な判断に基づく行動（動作）ができることが大切なことを関係者は理解しておきましょう。

(3) 順守（厳守）事項

　事業場共通あるいは職場共通、場合によっては特定の行動について、安全に作業を行うために実施すべき事項を順守事項として整理しておくと、徹底を図りやすくなります。職場に表示したり、さまざまな教育の場面で用いたりします。項目が多すぎると覚えきれないことがありますので注意してください。基本的な項目に絞り、細部の事項などは別にまとめる方法があります。

(4)　資格者の配置、法定教育等の受講の仕組み

　法令で規定されている資格者の配置、技能講習や特別教育などの受講が必要な作業を確認しておき、従業員の異動があっても余裕を持って対応できるようにしておきたいものです。事業場内で教育などを実施できる場合はいいですが、免許試験や事業場外の教育機関で受講することになる技能講習や特別教育については、受験・受講の機会（試験日、講習開催日など）を予め確認して計画的に対応してください。

(5)　指揮者、責任者の指名

　法令では、特定の作業について「指揮する者を指名して、その者に作業を指揮させなければならない」と規定されています。作業によっては、直接指揮する（作業の状態を直接確認しながら指揮する）ことが求められています。法令で規定されていない作業であっても、複数の従業員がグループで仕事をする時は、リーダー（指揮者）を決めて業務を遂行することが必要です。監督者（職長など）がいれば、通常は監督者がこの任に当たることになりますが、監督者不在の時などは別の従業員が指揮者に指名されることになります。

　指揮者は、安全に作業ができるように指揮することが求められる立場ですが、指揮者として指揮をする訓練を受けているでしょうか。指揮者になる可能性のある従業員に対して、安全に作業を遂行するための指揮の方法などについて教育や訓練を行っておくと、実際の作業の時に的確な指揮をすることに繋がります。

　指揮者には、腕章や記章を着けて、指揮者であることがはっきりわかるようにするといったルールを決めている事業場もあります。

⑹ OSHMSの取り組み

　詳細は、OSHMS（労働安全衛生マネジメントシステム）に関する解説書などで確認してください。厚生労働省の指針やISO／JISの規格を読み込むことも大切です。この項では、特に気を付けてもらいたいことだけ取り上げます。

ア．システムを活かす

　仕組みを活かしていこうという意志と、関係する人たちの合意がなければ実効を上げることになりません。導入するのであれば安全管理者の強い意志がまず必要です。なお、OSHMSは、特別なことではなく、効率的に着実に安全衛生水準を向上させていく仕組みであると理解しておいてください。

イ．方針、目標、計画

　実態とかい離した安全衛生方針では、安全衛生管理の形骸化を生みます。従業員がこの方針の下に安全衛生管理・活動に取り組もうと思う内容の方針であることが前提です。地味な内容でも、「思い」のこもった方針を示したいものです。

　安全衛生目標は、事業場・職場の実力に見合ったものでなければ目標に掲げる意味がありません。目標に向かって着実にレベルを上げていけるようにする必要があります。OSHMSは、スパイラルアップさせていく仕組みです。

　安全衛生計画は、安全衛生目標を達成するためのロードマップです。実効を上げるという視点を忘れずに、実態を踏まえて策定することが大切です。なお、計画は期中で変更せざるを得ない場合や、変更した方がいい場合もあります。策定したからには何が何でもや

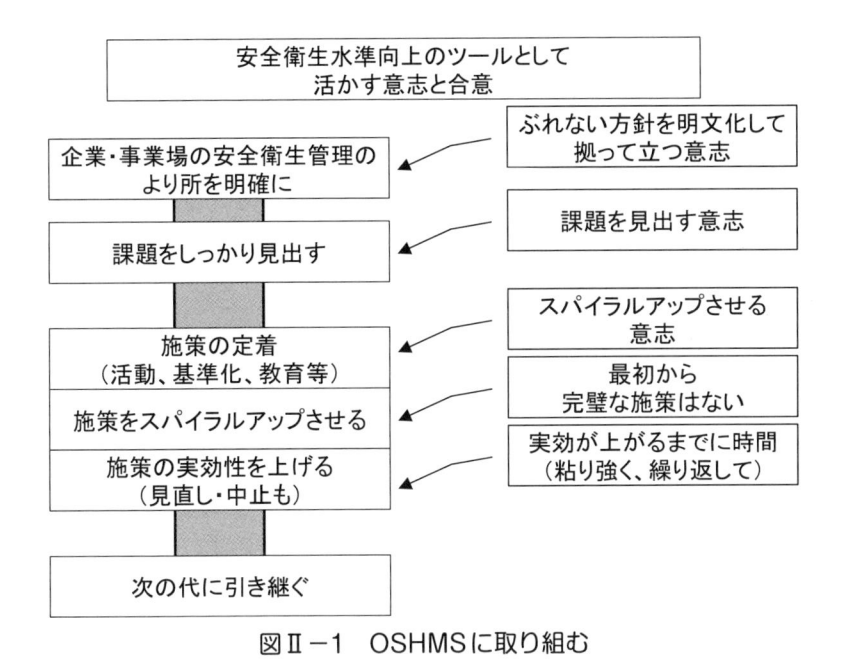

図Ⅱ-1　OSHMSに取り組む

り遂げるなどと頑なに考えずに、ある程度の柔軟性を持っておくといいと考えます。

　なお、目標や計画は、必ず1年で完結させ、終了させることを前提にする必要はまったくありません。

ウ．システム監査

　監査は、OSHMSそのもののレベルを上げていくために重要な役割があります。不十分な点を指摘したり、課題を提示する場としての位置付けだけでなく、事業場（会社）としての課題を共有し、改善の方向を確認・検討する場として考えておくといいでしょう。OSHMSに取り組む意義を関係者が共有することになります。

エ．認定・認証

　OSHMSを構築していることを客観的に明らかにするために審査認定機関の第三者認定や認証を受けることがあります。取引の関係で認証が求められることもあるでしょう。このような場合を含めて、「事業場の安全衛生水準向上を図るためにOSHMSを構築し、事業場や職場として自信と自覚を持って継続的に取り組む」ということを目的として前面に出して取り組むことが必要です。「認定・認証を受けることだけを目標とした取り組みだ」と従業員に受け止められてしまっては、折角の認定・認証の成果が安全衛生水準の向上に活かせないということになりかねません。下手をすると、形式だけ整える（書類だけ作る）ことが求められていると職場に受け止められ、安全衛生管理全体の形骸化を招くおそれすらあると思います。安全衛生水準向上に結び付く認定・認証となるような認定・認証機関を選ぶことも大切です。

(7)　海外事業場の安全衛生管理

　安全管理者は、法令上は事業場の安全管理を担うことになりますが、関係する海外の事業場の安全管理をサポートすることが求められることがあると思います。このような場合の対応について、要点だけをまとめました。

　当然のことですが、海外事業場では、それぞれの国（地域）の法令に従うことを基本に、その国（地域）の風土文化や社会状況を踏まえた取り組みを行うことになります。実際の運用とか解釈については、明文化されていることだけではわからないことがありますので、国や地域の日本企業の連絡会（商工会など）、日本政府や関連機関のサポートを受けることが、間違いのない対応に結び付きます。

コンサルタントを使っている企業もあるようです。海外事業場の従業員は、日本人従業員と「発想の仕方が違う」「価値感が違う」ことなどが課題になることがあります。違いがあることは当然のことで、その発想や価値観に合わせた取り組み方も必要になります。

　一方で、日本の事業場での安全管理や安全活動で重要な視点でもある「一体感」「課題の共有」「存在を認める」ことが安全水準向上のベースになることはどこの国や地域でも同じでしょう。事業場によっては、さまざまな国や地域出身の従業員が一緒に働いていることもありますが、そのような場合は特にこのような視点が重要でしょう。ある海外の会社では、一体感を持った安全衛生管理を進めるために「Fun」「Food」「Freebies」が大切だと言っていました。また、共通の挨拶（日本語で言えば「ご安全に」のような）を決めることが、意思疎通を図る役割を果たしたという事例もあります。

　なお、安全衛生管理のグローバルスタンダードとして、ISOの規格として提示されているOSHMSや機械安全、化学物質管理に関するGHS（The Globally Harmonized System of Classification and Labelling of Chemicals；化学品の分類および表示に関する世界調和システム）などへの対応をしっかりと押さえておくべきでしょう。また、安全衛生方針のわかりやすい提示（図示）や順守すべき基準の整備も基本的管理として必要です。

　海外で事業場のマネジメントを担当することは大変です。日本国内で安全衛生管理の経験がない従業員の場合は、苦労することも多いでしょう。安全管理者が、日常的に相談を受けられるような仕組み（ツール）を決めておく（明確にしておく）と喜ばれる（頼りにされる）と思います。安全管理者や衛生管理者が、安全衛生管理の最新情報を入手して、海外事業場に提供することもサポートになります。

4. 基本的安全施策の考え方

　事業場では、いろいろと工夫して、さまざまな安全施策に取り組んでいると思います。これらの取り組みの実効性を高める（掛けた労力に見合った、あるいはそれ以上の成果を上げる）ことが必要です。個々の施策の具体的進め方については、それぞれのテキストなどを参考してもらいたいと思います。この章では、事業場で安全施策を進める上で、頭に置いておきたいことを中心に取り上げます。

(1)　基本となる考え方

　事業場としては、法令の順守が基本です。加えて、繰り返し書いていますが、日常の安全管理を担う職場が法令に沿って的確な判断や対応ができるようにすることが必要です。法令の規定の有無に関わらず、安全な仕事が、環境やハード（機械設備、用具など）面の対策によって裏付けられるという考え方も必要です。危険な作業や危険なエリアに近付く必要が無くなるようにすれば（本質安全化）、災害は無くなりますので、このようなことも視野に入れて安全対策を考えることも大切です。一方で、どんな行動を選択しても安全に作業ができることが理想ですが、現実的には実現はむずかしい面があります。このようなことも前提にしながら、安全施策を考えることになります。

　環境やハード面などの対策は推進するにしろ、直ぐに完璧な状態を実現することはむずかしいこともあります。大きな投資がいる場合や技術がない場合があります。このような場合にも、あるべき姿

を描きながら、実施可能なことは着実に実施することになります。環境やハード面での十分な対策がむずかしい場合は、現場第一線の従業員とリスクを共有して（リスクアセスメントなどを通して）、安全を確保できる作業方法を徹底するという行動面の対策を行うことになります。行動面の対策は、従業員一人ひとりの、その都度の判断や行動によって結果が違ってくるという不安定さがありますが、行動面の対策が事故や災害を減らすことに繋がることも間違いありません。例えば、交通事故は、道路が整備され、完璧な自動運転になれば、ほとんど無くなるかもしれませんが、自動車という機械以外の運転者（単車、自転車の運転者を含めて）、歩行者などが危険な行動をすれば事故は無くならないでしょう。作業手順の提示と順守のようなことだけでなく、どのような場合も安全な判断と行動を優先するという価値を重んじる事業場マネジメントを行っていくことも必要です。

(2)　機械安全対策の推進

　機械安全の考え方は、安全衛生管理の考え方の基本だと思います。機械設備の安全のこととして限定的に考えるのではなく、普遍的な考え方と認識して、ほかの安全衛生管理にも活かしていってください。

ア．機械安全の考え方
　労働安全衛生法（第28条の2）に規定された危険性または有害性等の調査と必要な措置を的確に行うために、厚生労働省から「危険性または有害性等の調査等に関する指針」（公示、後述）や「機械の包括的な安全基準に関する指針」（通達）などが出されています。

後者は「機械安全指針」「機械の包括指針」とか、単に「包括指針」などという略称が用いられたり、この考え方を「機械安全」と言うことがあります。さらに機械的な安全方策に加えて、電子制御などの機能を活かして安全を確保するという考え方について、厚生労働省から「機能安全による機械等に係る安全確保に関する技術上の指針」（通達）が出されていて、この考え方は「機能安全」と言われています。「機械安全」（「機能安全」を含めて）は、技術（例えば、センシング技術、解析速度、情報伝達速度、半導体技術、材料技術など）の進歩にともなって磨きが掛かってきています。

　機械安全指針は、JIS B9700（「機械類の安全性—設計のための—般原則—」、ISO12100（Safety of machinery - general principles for design - Risk assessment and risk reduction）を基にした規格）の知見を反映したものとなっています。JISやISOは関連の規格がたくさんあります。この分野が専門でない安全管理者には、全貌を理解することはむずかしいかもしれませんが、基本的考え方を理解することは欠かせなくなってきています。中災防が厚生労働省の委託を受けてまとめた『機械安全規格を活用して災害防止を進めるためのガイドブック』にわかりやすく考え方がまとめられていますので確認しておいてください。インターネットでも確認可能です。毎年中災防から発行される『安全の指標』にも概要が掲載されています。

イ．機械安全の考え方の定着

　機械安全を推進する前提は、「人はミスをする」「機械は故障する」「絶対安全は存在しない」とされています。「人の特性」と「信頼の限界」を直視した合理的な考え方です。

　機械安全の考え方の中の基本的でわかりやすい例を二つ紹介しま

す。「安全距離」という概念があります。指も入らないくらいの小さな孔しかない壁であれば、壁のすぐ先に危険な機械があっても、挟まれたりする危険はありません（孔から何か飛び出して災害に結び付くような可能性があれば、別の対策も必要です）が、腕が入る大きさの孔であれば、腕を突っ込んで届く距離まで危険な区域ということになります。「予見可能な誤使用」は、さまざまなケースが当てはまりますが、危険な領域を柵で囲った場合を取り上げて説明します。柵は、足を掛けたりして乗り越えられるのであれば、トラブルがあったりして急いだ時に従業員が乗り越えてしまう可能性があるということを意味します。機械安全は、高度な技術的な対応もありますが、このように誰にでもわかる概念もあります。安全管理の考え方や職場を見る時の視点などにも幅広く活かすことができます。

　安全対策（リスク低減方策）の進め方は3ステップメソッドとして、その優先順位が提示されています。①「本質的安全設計方策」⇒②「安全防護」「付加保護方策」⇒③「使用上の情報」です。

ウ．機械安全対策で見通す成果

　その場その場での人の判断や行動に頼らず安全が確保できるのであれば、従業員は安全を確保するために必要だった力を、業務（生産などで価値を創造すること）に回すことができることになります。既存の機械設備に対して機械安全の考え方での本質的安全設計方策や安全防護などの設備面の安全対策は、技術的にもコスト的にもむずかしい面があるかもしれませんが、計画的に、着実に機械安全の考え方に基づく対策を実施していく意味は大きいと考えます。

　機械安全の考え方に基づく対策を推進すると、当該の機械設備による災害の防止だけに留まらない効果が期待できます。機械安全対

策で得られるであろう効果を例示します。

① 当該機械設備による重篤な労働災害が無くなる。
② 安全な状態（例えば、機械が停止している状態）でなければ機械等（製造ライン）に近付く（入り込む）ことができない。
⇒機械に近づく原因となっていたトラブル等を減らすことに繋がる。
⇒品質・生産性の向上にも繋がる（一時的に生産性が下がることがあっても上昇に転じる）。
③ 安全確保に対する会社の真摯な姿勢を従業員が感じ、従業員が他の安全施策（例えば、ルール遵守、KY、改善活動等）にもより真剣に取り組み、行動災害を含めた労働災害の減少に繋がることが期待できる。
⇒安全面に留まらず、会社に対する信頼が向上する。
⇒業績貢献に繋がるのではないか。
④ 安全活動全般に合理的な考え方が広まり実効が上がる。
⑤ 計画的に取り組んでいることが、事業場（会社）の社会的評価（ステークホルダーからの評価など）に繋がる
⇒事業場（会社）の経営姿勢として対外的にアピールできる。

エ．機械安全対策の進め方

　機械安全対策の考え方は、厚生労働省や中災防の資料やテキスト、ISO／JIS規格などで確認できますが、手っ取り早いのは、中災防などが開催する研修を受講することでしょう。中災防の研修には、厚生労働省の「設計技術者、生産技術管理者に対する機械安全教育実施要領」（通達）に示された内容の研修もあります。機械設備を

自ら設計することがない事業場でも、機械設備メーカー等に対して安全対策の実施を求める時の基礎知識として重要です。なお、機械設備メーカー等（機械譲渡者等）は、法令（労働安全衛生規則）で「機械に関する危険性等について機械ユーザーに通知するよう努めること」が規定されています。細部は「機械譲渡者等が行う機械に関する危険性等の通知の促進に関する指針」（通達）で示されています。機械設備のユーザーとなる事業場は、メーカー等からの情報（残留リスクなど）を基にリスクアセスメントを行い、実際の使用に当たって必要な安全対策を実施することになります。これらの一連の対応が制度的にできるようになっているか確認しておいてください。

一方、既存の機械設備に対して機械安全の考え方で対策を実施するためには、お金（予算）と時間が必要ですが、改善は「始めなければ、始まりません」。機械設備の更新が予定されているのならば、そのタイミングに合わせて実施することが合理的かもしれません。

機械安全の考え方の適用は、単体の機械設備を対象にする場合もあれば、連続生産ラインのような一連の設備を対象にする場合もあります。リスクを見極めて、部分的な対策から実施するということもあるでしょう。事業場全体に適用していこうとする場合は、モデル的に適用する機械設備を決めて適用し、課題などを確認する方法もあります。

上述のことを含めて、機械安全対策を進めていくために考えておきたいことを書き出してみました（順不同）。対象とする機械設備や規模などによっても、事業場としての業務の進め方によっても異なりますので、どのように進めるのがよいか考えてみてください。

① 機械安全の考え方を適用することが有効な機械設備を見極

める（リスクアセスメントの考え方ですが、感覚的（直観的）判断からスタートしてもいいのではないかと思います）。

② 事業場（会社）内で機械安全に関する考え方を定着させる（関係技術者に研修会を受講させる、関連資料（テキストなど）を集める、事業場内で啓発を繰り返すなど）。

③ 機械安全の考え方に基づく対策についての企画書（メリット、対象機械設備、コストなど）を作り、事業場（会社）内合意を形成する（決裁、安全衛生委員会付議など）。

④ 対象とする機械設備に関連する部門（取り扱う部門、補修を担当する部門など）で検討チームを作り具体的な方策を検討し、対策実施後のフォロー（見直し）まで行うようにする。

⑤ 必要に応じて、モデル的に取り組んで課題を確認しながら対象を広げていく。

⑥ 計画的に取り組む（5年後、10年後といった先を展望した投資を行う、資金も技術、人材、時間も必要）。

⑦ できることから着手する（最初から完璧でなくてもその時々の限界を関係者で共有しながらより良い状態を目指す）。

⑧ 対策実施の都度、対策の成果を評価するとともに、残された課題を確認して整理しておき、事業場（会社）の技術として次の対策に活かしていく。

⑶ 化学物質の管理

化学物質の種類は膨大で、職場で利用されるものも多様です。安全管理上特に注意が必要な物質として、「法令に具体的に取り扱いの規程がある物質」「法令で危険有害性についての情報提供が必要

とされている物質」「リスクアセスメントの対象になっている物質」「指針や通達で取り扱い方法が示されている物質」があります。代表的なものは、法令に示されている「危険物」です。消防法などでの規定もあります。これらの物質は、化学物質全体から見れば、ほんの一部です。新たに化学物質が作られたり、有用な物質が新たに利用されることになっていくことは間違いありません。危険有害性に関する知見もさらに深まり、気付かなかった影響（危険性・有害性）が将来判明することもあるでしょう。法令などに基づいて危険な化学物質の管理を確実に実施することに加えて、規制の対象となっていない化学物質であっても基本を押さえた取り扱いを職場に徹底しておいてください。

　なお、厚生労働省などがまとめた「石油コンビナート等における災害防止対策検討関係省庁連絡会議」の報告書や関係資料、安全工学会が中心になって作られた保安力向上センターの資料などが化学物質を取り扱う事業場（特に化学設備のある事業場）の管理の参考になります。重大事故（化学物質による爆発や大量漏えいなど）への対応として検討されたものですが、考え方は幅広い産業の安全管理に通じるものがあります。ただし、実施すべきことがわかっても、それを現実に実施できるようにするためのマネジメントが重要です。また、化学設備起因の事故や災害の防止には、後述します変更管理の考え方も大切です。

　化学物質の危険性に関する情報は、SDS（Safety Data Sheet：安全データシート（法令では「文書の交付」という表現になっている））のほか、容器や包装に名称、貯蔵・取り扱い上の注意などの表示で確認できますが、原則的に法令で規定された物質が対象になっています。SDSも容器等への表示も、化学物質を提供する側の義務を果たすために詳細な記載がされていますが、実際にどのよ

表Ⅱ-3　化学物質取り扱い時の主な共通的注意点

① 取り扱う物質の危険性・有害性や性状に応じた安全対策を実施してから取り扱いを始める。

② 丁寧に扱う、危険性や有害性のおそれのある物はより慎重に扱う。

③ 設備内で取り扱う時は設備管理を徹底する（漏出防止を徹底する、異常な反応をさせない、安全装置が機能するようにしておく、漏えいガス検知器・警報器を有効に使う、事故などの時の避難通路を確保しておくなど）。

④ 仕事に必要な量だけに限定して使用する。

⑤ 通気のいい場所（換気している場所）で使用する。

⑥ 小分けして使う時は、小分け容器に内容物の名称などを表示する。

⑦ 床などにこぼさない。空気中に飛散させない（密閉する、換気装置を使うなど）。こぼれたら速やかに回収する。

⑧ 化学物質の入った容器は開けっぱなしにしない。ふたはキチンと閉める。

⑨ 決められた場所に保管する。空容器等化学物質が付着した物は発散防止の措置をして決められた場所に置く。

うに取り扱えばいいのか、わかりにくい記載もあります。化学物質を使用する側として、安全管理者は、職場に任せきりにせずに、リスクアセスメントの結果も踏まえて、職場で適切な対応ができているかを確認して、安全な取り扱いに結び付けることが必要です。

　危険物としての化学物質管理は、消防や防災関係法令への対応が前面に出て、中毒防止などの対応は衛生管理部門が担当するといった事業場が見られます。化学物質を取り扱う職場（管理を実際に担う職場）は、すべての管理に対応することになりますので、安全管理、衛生管理、防災管理などと区分して管理するのではなく、関係管理部門が一体となって、職場での管理が戸惑いなくできるように

したいものです。化学工業界などでは、レスポンシブルケアとして、環境面まで含めた化学物質の管理を行うことが一般的になっています。

(4) リスクアセスメント

リスクアセスメントの方法や考え方については、厚生労働省の「危険性または有害性等の調査等に関する指針」（公示）、「化学物質等による危険性または有害性等の調査等に関する指針」（公示）と関連通達などで確認して下さい。さまざまなテキストが出版されたり、研修会が開催されたりもしていますので、参考にしてください。

リスクアセスメントは、労働災害の現実を直視することが基本となります。災害発生の確率や災害の重篤度の評価が「感覚的な判断」だけになってしまっては的確なリスクの評価はできません。発生の確率を見極める時に「今まで大丈夫だったから」「キチンとやれば大丈夫」「保護具を付けているから大丈夫」などの考え方が入ってくれば、将来に亙って安全水準を高めていくリスクアセスメントにはなりません。

また、リスクアセスメントの目的は、リスクアセスメントを実施することではなくて、リスクに対して適切に対応して安全衛生水準を高めることです。リスクアセスメントの実施が自己目的化しているケースがありますので注意が必要です。リスクアセスメントに関して「マンネリ化している」などといった声を聞いたことがありますが、リスクアセスメントの意義が十分理解されていないことに原因があるのだろうと思います。リスクアセスメントは、基本的に事業者が行うもので、現場第一線任せで行うものではありません。

リスクアセスメントを実施して、必要な対策に結び付けることに

なりますが、一回実施したリスクアセスメントの結果の評価が絶対的な真実のように独り歩きしたり、いつまでも見直されなかったりすることがないように注意することも必要です。リスクアセスメントが対象にした作業を取り巻く状態も時々刻々と変化します。設備面の対策が当初は完璧であっても、設備は劣化することもありますし、損傷することもあります。リスクアセスメントの客観性を高めるとともに、さまざまな変化を前提にした運用が必要です。

　リスクアセスメントの手法に関する考え方を一つだけ参考に説明しておきます。リスクの評価で「足し算」方式がよく用いられます。災害の重篤度と発生確率という異なる単位（性格）の数値を足し合わせることに違和感を覚える人がいると思います。「掛け算」の方がリスクを正しく表すことは間違いありませんが、数値の桁が大きくなってしまいます。そこで「掛け算」を対数表記して、感覚に一致させるようにしたのが「足し算」だと考えるとわかりやすいでしょう。リスクレベル＝log（重篤度×頻度）＝log重篤度＋log頻度ということです。「感覚量は、受ける刺激の強さの対数に比例する」という、ウェーバー・フェヒナーの法則を反映して、感覚量としてのリスクレベルを表しているということだと筆者は考えています。

(5)　危険な区域へ立ち入って行う作業

　保守点検やトラブル処理で、機械設備が稼働する（通常は稼働している）区域に立ち入る必要が生じることがあります。機械設備だけでなく、感電などの問題も同じです。このような場合の基本的対応は、危険な状態を無くして、安全な区域にしてから立ち入るということです。このためには、機械設備や電気が危険源の場合は、ロックアウトやタグアウトという方法を取ることが基本です。詳しい内

容は、他のテキストやメーカー資料で確認してください。

　以前から、タグとして操作禁止札、命札、修理札などの名前を付けられて活用されてきましたが、機械設備を停止せずに（タグを利用せずに）災害に結び付くケースがあります。繰り返し徹底を図る取り組みに加えて、機械安全の考え方に従った対策（機械設備を停止しなければ、危険な区域に立ち入れないなど）を進めることが必要だと考えます。

　なお、機械設備でも、油圧・空圧などの残圧、重量物の自重による落下・降下、充電部の帯電などエネルギー源を遮断してもなお危険な状態が残存することも念頭に置いた措置（メカニカルロック使用、放電措置など）も必要です。また、危険有害性があるガスなどの関連設備や酸欠状態の場所への立ち入りなどに対しては、「遮断」と「置換（換気）」が不可欠で、測定などによる確認と、漏えいや滞留を念頭に置いた措置が必要です。

　機械設備の調整やロボットの教示などを行う時に、危険な区域に立ち入らざるを得ないことがありますが、法令に基づく措置は当然として、イネーブル装置やホールド・トゥ・ラン制御装置を導入するなどにより危険度を低下させる措置が望まれます。

　また、この項で記載している対応は、操業を行う職場だけでなく、補修を担当する部門、あるいは建設などの工事に関わる社外の専門企業などの関連でも必要です。

⑹　安全保護具・機器・用具

　安全保護具などは、進化し続けています。素材の進化（強度、軽量化、柔軟性など）と保護具メーカーの工夫・技術などが、より使いやすく、より安全を担保できる保護具に繋がっています。保護手

袋、保護めがね、安全靴はわかりやすい事例です。移動足場などでも、より安全に作業ができる工夫が重ねられています。

このように安全保護具・機器・用具そのものの性能が上がっても、正しく使わなければ、その効果は十分発揮されません。また、使用していれば傷みも出てきますし、劣化したりもします。性能が十分に発揮されるように点検管理して、必要な場合は部品交換や更新が不可欠です。それぞれの保護具などが正しく使われるようにする教育や規程・基準の整備と、実際の使用状況を確認しておくことも大切です。特に使用状況については、遠目に見て「使用しているから大丈夫だ」とするだけでなく、適切な物を適切な状態で使用しているかを間近で確認することも必要です。

安全帯に関しては、腰ベルト型からフルハーネス型の使用が必要になってきています。落下した時の人体に掛かる衝撃を勘案してのことです。日本では、従来腰ベルト型が一般的でしたが、欧米ではフルハーネス型が使われてきました。腰ベルト型に比べて装着が面倒だとか、股の辺りが擦れるだとか、狭い所では引っ掛かりやすいなどの問題があることは事実だろうと思いますが、ひと言で言えば、「慣れ」の問題だと思います。ある大規模な事業場ではフルハーネス型を長く使用していますし、建設工事などでも普通に使われるようになっています。初めてフルハーネス型を使用した時は、負担感があるかもしれませんが、時間の経過とともに負担感もなくなってきます。ヘルメット（安全帽）、安全靴、防じんマスク、耳栓なども、導入当初は負担感が問題になりましたが、今ではほとんどこの点は問題になっていないはずです。

安全管理者としては、保護具開発などに関する情報を入手して、より安全で使いやすいものを採用するようにしたいものです。また、安全保護具などの使い勝手などに関して課題があると感じる時は、

保護具メーカーなどに伝えることも大切です。より性能が高く実用的な安全保護具の開発に繋がっていくでしょう。

(7) 点検と整備

性能検査、定期自主検査、特定自主検査などの検査や作業開始前などの点検など、法定の検査・点検が漏れなく実施できるように対象のリストを作って、確認できるようにしておくといいでしょう。安全保護具や機器・用具の点検もありますし、労働安全衛生法関係の法令以外の法令に基づく点検や事業場として必要な点検も（設備の性能維持のための点検も含めて）まとめて点検対象として整理しておくことが職場の管理として便利だろうと思います。

なお、各種の点検などは、毎日あるいは毎月というように繰り返して各職場で実施することになりますが、点検が点検表を完成させるだけ（レ点や〇印を書き入れるだけ）になっていないでしょうか。ほとんどの項目で「異常なし」となる点検を、毎回繰り返し「キチンと」確認することは結構むずかしいことです。重点的に点検する項目を決めて（第〇週は〇〇、第△週は△△の確認を重点にするなど）メリハリを付けることで、確実な点検に結び付けるという考え方もあります。点検項目を減らすということではなく、重点を決めることで他の項目の点検でも抜けを無くすという考え方です。ただし、短期間に異常が発生する可能性がある箇所の点検などに関して、このような対応は適当でないことは言うまでもありません。

また、機械設備の点検や化学設備などからの漏えいに関連した点検は、安全な状態で実施できるようになっているでしょうか。点検中に災害が発生するようなことがないようにしなければなりません。例えば、クレーン（移動機械）の点検でクレーンに挟まれると

か、高所にある機器の点検に行って転落するなどといったことです。点検の結果だけでなく、点検の方法にも関心を持って確認してください。

(8) 表示

　危険な箇所などを明示するために表示（標識を掲示したり、区画線を引いたりなど）が行われています。表示は、その存在に気付き、注意を喚起できなければ意味がありません。見えにくくなっていたり、標識が目に入らない位置にあるなどいうことはないでしょうか。また、表示が何を意味しているのか（例えば、床面に引かれた黄色の線が何を意味しているのか）をわかるように、規程や基準で決めて周知しておくことも必要です。表示だけで十分な場合もありますが、リスクに応じた対応（機械安全の考え方に基づく判断）が大切です。

(9) 異常時の措置

　「異常」と言ってもいろいろなケースがあります。異常時の措置（場合によっては避難）がどのように決まっているか確認しておいてください。停電などでは、停電そのものの影響だけでなく、さまざまなトラブルに繋がることがありますので、事務所なども含めて注意が必要です。
　事故や災害に結び付く異常（トラブル）に関しては、速やかに（あるいは直ちに）関係者に事態を伝える手段が間違いなく機能する（自動の場合も、従業員による場合も）ようになっていることが第一です。

異常時の措置（トラブル対応）は、関係者（上司等）へ連絡してから処置するようにしておくことが必要です。連絡せずに一人で処理して、災害に結び付くこともあります。特に、経験の浅い従業員には、この点を繰り返し徹底しておく必要があります。

　個々の作業標準書（作業基準書、作業マニュアル）に異常時の措置を明記している場合もあると思いますが、事業場として異常時の処置についての基本的対応をルール化（事業場規程にしておくなど）しておくことが大切です。「止める、呼ぶ、待つ」と異常時の対応をわかりやすく提示して周知している事業場もあります。

　少し性格は異なりますが、天災（地震、台風、暴風・突風、大雨など）発生時の対応も事前準備も含めて対応の体制、実施事項などを事業場として整理しておくことが必要なことは言うまでもありません。事態を想定しての対応を決めておくことに加えて、基本的な対応方針（大方針）を決めておいて、想定外事態発生時の判断の前提にすることも大切です。

　いずれの場合も、異常を正常な状態に戻すために業務（トラブル処理）に従事する従業員がいます。設備故障など操業に支障を来すような異常に対して、関係する従業員は、少しでも早く正常な状態に戻そうとして奮闘するのだと思います。このような作業を行っている時は、ともすると安全の確保が二の次になってしまう可能性があります。作業を安全に実施するために大切なことは、上司（事業所長から職場の監督者まで）が安全を最優先にして業務を行うように明確に口に出して指示することです。たとえ事業所長であっても勇気のいる指示だと思います。早く復旧したいと思っているところに拍車を掛けるような「急げ！」という指示は、復旧作業に従事している従業員には「危険を冒してでも早くやれ」と聞こえてしまいます。このような場面は、事業場の安全に対する姿勢を従業員に示

すことになります。すべての管理監督者が「安全を最優先にした指示」ができるように、事業所長が日頃から繰り返し口にすることが必要です。「安全を最優先にした指示」は、復旧作業を手順を踏んで間違いなく確実に実施することにも繋がります。事業の損益に関わることと関係者が認識しているはずですので、このようなことは事業所長が言わなければ、実効が上がりません。安全管理者は、このような考え方を上司と話し合ったり、管理監督者へ伝えておきましょう。

5. 安全教育の進め方

　職場の安全衛生水準を高めるために安全衛生教育が重要なことは言うまでもありません。安全衛生教育の具体的内容については、市販されているテキストなどをベースに確認し、充実させるべきことがないか考えてみてください。この章では、個々の教育についてではなく、教育を企画し、実施するに当たって、考えておきたいことを取り上げます。

(1) 教育の対象と内容

　事業場として安全衛生教育の体系を整理していると思いますが、受講者側からの視点や受講者の影響が及ぶ範囲などについて考え、効果のある教育を企画する必要があります。この項では、教育の対象ごとに留意したいことを簡潔にまとめました。なお、厚生労働省は「安全衛生教育等推進要綱」（通達）で事業者が行う安全衛生教育の体系を提示していますので確認しておいてください。

ア．新入者教育

　実務を知らない新入者に対して安全衛生教育をしても、自分のこととして受け止められにくい面があります。実施の時期を分散させて、実務と結び付けて安全衛生のことがわかるようにするといった工夫もいるでしょう。実際の作業に従事する予定の従業員だけでなく、管理部門配属予定の新入者に対しての教育も必要です。新入者に対する教育で共通して大切なことは、コミュニケーションの取り

方だろうと思います。

イ．作業従事者

実務に携わる従業員の中には、事業場として行う教育の受講機会が極めて少ない人（昇進昇格時教育の受講対象でないなど）が出てくる可能性があります。もしこのようなケースがあるのであれば、個々の従業員の入社から退職までの時間軸に沿って、教育の企画を考えてみてください。

なお、作業に携わる従業員に対する教育でもっとも大切なことは、仕事を安全に正確にするという技能的なことだと考えます。教育の方法も、集合教育のようなOff-JTだけでなく、OJTがとても大切なことは言うまでもありません。業務に合った方法を考えてもらいたいと思います。

ウ．マネジメント（ライン）系列の教育

職場のリーダーである監督者（職長、係長など）、組織の業務遂行に責任を持つ管理者（課長、部長など）などへの教育は、安全衛生管理に直接関連する知識（関係法令、事業場規程、災害事例と教訓など）や事業場施策の考え方、課題対応の方法、マネジメントの方法などになります。

マネジメントの方法については、部下への指導という面だけでなく、部下をサポートするためにどのようにすべきか、日常の言動のあり方を含めて教育することが必要でしょう。管理監督者になる従業員は選ばれた人（評価の高い人）です。職場の構成員のそれぞれの力量や個性を見極めて、職場をリードできるようにすることも必要でしょう。また、日頃の職場における上司の指示や何気ない会話（受け答え）が、職場の従業員の安全に対する意識を高める（場合

によっては低める）ことになることも忘れず伝えておいてください。

　受講対象となる従業員は、中間管理（監督）職になりますので、上司と部下の間に立って安全管理を担う立場です。一人で問題解決に当たるのではなく、上司や部下との意思疎通と連携が職場のマネジメントの基本になることも教育しておく必要があります。協力会社との連携が重要な職場もあるはずですので、連携の方法についての教育も必要でしょう。

　座学だけでなく、ロールプレイングなどの実践的な訓練も織り込むと、より効果を上げることに繋がります。受講する従業員は、自分が直接関わる問題として受け止めて教育を受けることになるでしょう。先輩の経験談やアドバイスは、受講者にとって自分のこととして受け止めやすい面がありますので、カリキュラムに織り込むことを勧めます。

　いずれにしろ、管理監督者に対する教育は安全衛生管理だけに焦点を当てるよりも、事業場（会社）としての人材育成教育（階層別教育）の一環として行うことが効果的ですので、関係部門と連携を図りながら、安全衛生管理を含めたトータルとしての職場マネジメントができるように企画することが望ましいと思います。

エ．スタッフ系列の教育

　事業場（会社）や事業内容によって違いがありますが、技術部門や管理部門の従業員に対する安全衛生教育も欠かせません。生産管理、生産技術、開発、品質管理、設備設計、補修、事業計画、操業計画、予算管理、購買、工程管理、人事管理、外注管理、営業など（以下、「スタッフ部門」とまとめて記載します）の業務を行う従業員の判断が、現場第一線の安全に大きな影響を及ぼします。現場第一線の仕事の仕方を決め、どのような物、設備、機器などを使用す

るのかを決め、どのような体制・予算で仕事を進めるのかを決めることを通して、事業者としての安全衛生管理責任の一端を担う従業員です。スタッフ部門の従業員が「現場第一線の従業員が安全に業務遂行できるようにする」ということに責任を持ち、業務を進めるようにすることが重要です。

　事業場（会社）方針、関係法令、事業場の安全衛生管理上の課題についての説明に加えて、技術部門のスタッフなどにとっては、テクニカルな対応である機械安全やリスクアセスメント、変更管理などについての教育がインパクトがあり、理解しやすいだろうと考えます。体感教育や担当業務と関係する内容のKYT（危険予知訓練）を行うことも効果的かもしれません。スタッフ部門しか経験のない従業員が、いきなり現場組織の管理者になるような人事異動がある事業場では、現場第一線の安全衛生管理についての教育も必要でしょう。なお、これらの業務を行う部門の管理者（上司）の判断が与える影響が大きいことも忘れないようにして、教育の仕組みを考えてください。

オ．協力会社従業員教育

　協力会社従業員に対する教育は、協力会社各社の責任で実施すべきことですが、事業場としてサポートして、より充実した教育に結び付けることも考えてください。

(2) 教育の効果

　実際に行われている安全衛生教育の実効性については幅があります。安全衛生教育は実施することが目的ではなく、実効を上げることが目的であることを忘れないで取り組んでください。教育内容の質を高めることに加え、教育を活かす（実効を上げる）ための工夫を行うことも欠かせません。

　「教育効果がある」ようにするには、「受講者が教育内容に意義を感じられるようにすること」と「教育内容を活かすことのできる受講者」が前提となります。「受講者にふさわしい教育の企画」、「教育内容にふさわしい受講者の選定」と考えることもできます。「効果を期待できない」教育内容の例を表Ⅱ－4にあげてみましたが、現在実施している安全衛生教育はどうでしょうか。

表Ⅱ－4　教育効果を期待できない教育内容例

- 内容が無い（受講者が「わかりきったこと」と感じる内容）
- 納得感（合理性、幅広い意味での受講メリット）が感じられない
- 職場や仕事の実態に対する理解がない
- 現実味がない
- 講師の一方的論理の押し付けと感じられる
- 企画側・講師側の満足感達成のお付き合いと感じられる
- 自分（受講者）と関係がない（自分の立場と結び付かない）
- 自分の身を守ってくれない、メリットにならない、役に立たない
- 具体的な実務（展開）に結び付かない
- 簡単すぎる、むずかしすぎる（理解できない）

受講者にとって「気付き」があって、「職場等で活かすことができる」＝「役に立つ」ことが大切です。この点は、受講者側の問題と考えがちですが、安全衛生は個人の問題とすることができないこともあり、教育を企画・実施する時にベースに置いて考えておく必要があります。

　なお、「役に立つ」といっても、受講者の意識や能力、経験によって違いがあります。少なくとも、受講者の経験や力量に応じた内容とすることが大切です。「役に立つ」内容は、受講者の立場や職場の状況によっても違います。「役に立つ」と感じられるように、企画側が誘導することが必要です。

　受講者の関心を引き出し、「役に立つ」と感じられるようにするためには、講師の熱意が感じられるということも重要です。型どおりに伝えるのではなく、事例をあげて実際の作業などと結び付けて講義し、受講者が自分の問題として受け止められるようにしてください。

(3)　動機付け

　受講者が受講のメリットを感じられると教育効果も上がります。受講者によるメリットの認識には「動機付け」が大切ですが、不十分なことが多いのではないでしょうか。「動機付け」は受講直前だけでなく日常的にも必要ですし、教育中に講師から行うことも必要です。向上意欲が高い受講者の場合は、受講者自身によって行われることもありますが、職場の関係者（管理監督者等）の期待感を受講者が認識できるかで受講の姿勢に差が出て、教育効果にも影響します。教育を企画する時には、受講のメリットを関係者で共有するとともに、あわせて、教育効果を上げるための「動機付け」を受講

者の職場が行うようにする方策も行っておくことが大切です。受講者が「教育の成果を活かそう」と思うように、職場（管理監督者等）が本人に対して期待を伝えるようにしておきましょう。

　仕事に必要な技能習得の教育や昇格・昇進に伴う教育は、受講者がメリットを感じやすい面があります。受講動機と周囲の期待がはっきりしていて、受講者自身が選抜された人材としての意識を持っていることが受講効果を高めます。

　また、積極的に受講しようという気持ちにさせるように、教育のネーミングを工夫することがあってもいいでしょう。例えば、「選抜○○教育」「○○リーダー研修」といったように選ばれて受講しているとの認識が持てるようにするとか、「○○エチケット教室」「必修○○教育」といったように教育を受けないと「マズイ」と思うようにするとか、ちょっとした工夫で受講者の意識は変わります。どのような印象を受講者や関係者が持つかという観点でネーミングを考えてみてください。

表Ⅱ-5　教育を受講することによる主なメリット

(1)　仕事がやりやすくなる	・より安全に仕事ができるようになる
	・自分の仕事が楽になる、やりやすくなる
	・職場をよりよく（より安全に）できる
(2)　自分の評価が上がる	・昇進・昇格に結び付く
	・業務実績として評価される
	・担当業務の範囲が広がる（存在感が増す）
	・職場での信頼が高まる
(3)　マイナス評価を回避する（消極的メリット）	・受講しないことがマイナス評価に繋がる
	・知らないことが自分の不利益となる
(4)　学ぶこと自身に意義を感じる	・知識等が増えることがうれしい
	・学びながら考えることが楽しい

⑷ 手法と課題

　安全衛生教育の主な手法を表Ⅱ−6に整理しました。実際には、これらの手法を組み合わせて行われることが多くあります。教育手法には、それぞれ利点もありますが、留意しておきたいこともあります。

　「講義」では、教育内容を記憶に定着させるために、受講者参加型の内容とし、自らの問題として考えさせるよう誘導し、考えたことをまとめて発言（発表）させるなどの工夫も必要です。

　「視聴覚教材」は、ドラマを見ているように他人事として受け止められることがあり、実際の仕事に結び付けて理解させる講義などで補完する必要があります。

　「グループ演習」や「発表」は、優等生としての討議参加や発表

表Ⅱ−6　安全衛生教育の手法

手法	具体的な実施手法
講義	知識付与（規程・基準等、理論等、方針等、教訓等、罰則等、統計等、施策等、ノウハウ等） 知識付与＋質疑応答、決意促進、視聴覚教材（技能、知識、管理・行動規制） 経験談（苦労話）、事例発表
個人演習	演習、演習（宿題）、通信教育、eラーニング、試験、実践演習
発表	決意表明、成功の宣言、成果発表
グループ演習	グループ討議、グループワーク
訓練	ゲーム体験、シミュレーション、ロールプレイ、技能訓練、課題解決、実習
体験	体験（ロールプレイ）、経験、体感、他社・他職場見学、災害現場見学
啓発	講演、掲示、ニュース

となって（優良な受講者を演じるだけで）教育効果が残らないことがあります。テーマの設定を実務に近い内容で設定するとともに、実際の仕事で具体的に活かす道筋を認識できるように講師が誘導することが必要です。「体感教育」などについては、後述します。いずれにしろ、受講者がどのように受け止めるのかをよく考えて手法を選んだり、講師がフォローしたりすることが必要になります。

　なお、ここでは具体的には取り上げませんが、防災訓練・避難訓練、消火訓練、救急法訓練などは、事故や災害時の的確な対応に結び付くだけでなく、従業員（管理部門を含めて）の安全意識を高めることになります。安全管理者の所管ではないかもしれませんが、事業場として積極的に取り組むことが大切だと考えます。

(5)　実務での教育成果

　教育は基本的に受講者個人の力量を向上させ、職場での活躍（教育内容の活用）を期待して行うことが多く、教育効果は受講者本人を通してしか現れません。教育の企画者や講師は、教育をすることで職場全体に影響が及ぶものと考えがちですが、現実はなかなかうまくいかないこともあります。教育の効果を実際の仕事で活かすかどうかを受講者個人に任せるのではなく、受講者が教育効果を活かす（活かせる）ように強制力（その気にさせる牽制力）を働かせることも必要でしょう。「職場に同じ教育を受けた同僚がいる」「教育の内容を理解し、職場で活かすことを求める上司がいる」などさまざまなケースが考えられます。前者は、「受講者同士の相互牽制機能を働かせる（受講者間の競争意識等を活かしながら受講者の自覚を促して教育効果を活かすようにする）」ことを狙った考え方で、後者は組織として、教育効果を活用する「機会を与える」「環境を

つくる」ことを意味します。

　職場（管理監督者等）が教育成果を引き出す工夫としては、仕事や日常の安全衛生活動の中で教育成果を活かす機会を設けたり、受講者に教育内容を継続的に発表させたりするといったことを通して、フォローすることが手近な方法です。ただし、機械的になったり、教育効果の否定に繋がったりしないようにして、受講者を育成するという基本に立ってフォローすることが必要となります。受講後に取り組む課題を与えておいて、フォローする方法もあります。職場（管理監督者等）が受講者の学んだことを引き出し、活かしていくための工夫が欲しいものです。教育の企画者が職場での教育成果の活用についての道筋を予め想定して職場に示しておくやり方のほか、教育の企画者や講師がフォローする（実践報告をさせるなど）方法もあります。教育の成果が受講者の中だけで蓄積され、あるいは時間と共に霧散していってしまってはもったいないと思います。

表Ⅱ-7　受講成果を職場で活かす工夫

(1)　受講内容を確認する

　・上司や職場への受講内容報告

　・上司・先輩による現実適用へのアドバイス

　・本人による具体的活用方向の宣言

(2)　教育受講者を活用する

　・教育内容を実践に活かす機会を与える（職場安全衛生活動・施策等の推進者とするなど）

(3)　日常の安全衛生活動の場で発言の機会を設ける

(4)　上司が教育成果を継続的にフォローする（具体的行動計画の作成とその実践フォロー等）

これらのことは、社外教育を受講させる場合も同じです。受講した従業員に対しては、事業場固有の課題に関する教育を付加することも必要です。

(6)　教育効果の把握

　教育効果を測ることは、結構むずかしいと思います。教育をした後、受講者アンケートがよく行われます。有益度や理解度を、科目別あるいは全体として受講者に評価してもらい、あわせて感想や意見などを求める方法です。言うまでもありませんが、アンケートの結果にはバイアスが掛かっている（さまざまな外部要因があって本当の評価と違う回答をしてしまう）可能性を認識しておく必要があります。教育直後に加え、一定期間をおいてからアンケート等を実施すると、教育効果の確認と効果の定着に有効なこともあります。

　受講後に受講者に対して決意表明を書いてもらうようなことが、安全衛生教育ではよく行われています。決意表明の多くは「頑張ります」「教育の成果を職場で活かします」となっているのではないでしょうか。その場限りの決意に終わる可能性が高いと思います。教育成果を活かす具体的な行動計画を書いてもらう方がいいでしょう。

(7)　テキスト等の準備

　受講者に教育内容をメモさせるという考え方もありますが、できれば受講後にも活かせるような配布資料を準備してください。資料として市販テキストは有用です。ただし、内容は網羅的なので、個々の事業場や仕事に合った内容の資料も準備する方がいいでしょう。

　なお、テキストや配布資料には講義内容の要点が書かれているた

め、教育実施時に受講者の関心が講師に向かないといったことも考えられます。作成する資料に書き込み欄や穴埋め欄を設けて講義で解説するなどの工夫も必要でしょう。投影資料についても同じです。

(8) 企画者としての視点

安全衛生教育についてひとくくりにして取り上げてきましたが、実際には教育内容等はさまざまです。技術・技能、マネジメント、意識付け、健康づくり、ストレス対応等のほか、知識や情報を伝えるだけの教育もあります。成果の測り方や活かし方もそれぞれに合ったものとすることが必要となります。

また、過度に教育のみに期待してはいけませんが、将来に残る財産を世代間でつないでいくとの気持ちを持って教育を企画することを心がけてください。

前述のことを含めて教育の企画者や講師が留意しておきたい視点を再整理しましたので確認してください。

> ① 安全衛生教育で目指すところは、突出した優秀な人材を作り上げることではなく、職場全体の安全と健康を向上させることにあります。
> ② 安全衛生教育は、教育内容を「伝えること」が目的ではなく「仕事に活かすこと」が目的となります。教育を受けて、受講者自身が自分で活かせる形で教育内容を自分のものとして受け止め、実践で活かせるようにすることを考えて教育を行う必要があります。
> ③ 受講者の能力は一律ではありません。「教えたのにやってない」などという声を聞くことがありますが、当然あり得る

ことで、育成していくという視点を持つことが必要です。

④ 教育の企画者や講師は、「教育をした」ことで仕事が終わったと思いがちですが、受講者にとっては教育を受けたことが始まりとなります。前述の職場でのフォローだけでなく、教育終了後も受講者からの質問などを継続的に受けたり、アドバイスができるような体制にしておくことも望まれます。

⑤ 教育終了後に受講者に決意表明などを書かせる場合は、受講後のフォローなどと結び付ける工夫がいります。

⑥ 技能・技術教育以外の安全衛生教育の効果の把握は、むずかしい面があります。効果を正確に把握できないとしても、効果を上げていく意図を持った教育を継続することが、効果に結び付くことになります。

⑦ 教育が終了したら（連続した教育であれば中間でも）、教育の企画者が中心になって教育内容を振り返る場を持ち、次の教育をより良い内容とすることに結び付けてください。講師に対して教育の企画者からあまり講義の改善要請等の意見を言わないケースが多いと思いますが、いい点・改善すべき点について確認することは講師のためにも必要です。受講者の教育終了時の評価（有用度評価や実用度評価、コメント記入等のアンケート方式）はバイアスが掛かっていることを前提に置いて判断します。数少ないコメントは貴重な意見ですが、全体の意見であるかのような安易な受け止めをしないようにしてください。

⑧ 同じ教育を実施するにしても、教育実施のタイミング（全体の環境や受講者の置かれた状態）によっても効果は異なります。

⑨ コストパフォーマンス（かける労力と実現できる成果のバ

ランス)も考えておきます。成果は短期的なものだけでなく、中長期的に受講者の育成や職場の安全衛生水準向上を目指すという戦略的な視点も重要です。

　当たり前のことですが、教育には限界があります。自分で企画運営した教育の効果には理想を抱きがちですが、「教育は万能ではない」し、「教育は手段であって目的ではない」ことをいつも意識しておきながら安全衛生教育の企画を考えてください。

(9)　法令で規定されている安全衛生教育

　法令で規定されている安全衛生教育については、他のテキストなどで確認してください。このような教育は、法順守のために実施することが必要ですが、従業員の安全な業務遂行に結び付く教育内容になっているか確認しておいてください。事業場外の教育機関が実施をする講習などに派遣して受講させることもあると思いますが、事業場（職場）として、受講させる前の動機付けや、受講後の成果確認と実際の業務への適用について、受講者に確認して受講効果を定着させることが大切です。折角の受講です。最大限に活かす仕組みを確認しておいてください。

　なお、資格取得者や特別教育受講修了者に対しても、随時再教育をするなどして、安全に業務が遂行できるようにフォローしておくことが大切です。安全衛生教育、特に再教育・能力向上教育に関して、厚生労働省から教育や講習等の適切かつ有効な実施を図るための指針などが公表されていますので確認して、事業場の安全衛生教育に反映させてください。いろいろな安全衛生教育用のマニュアルやリーフレット類も公表され、利用することができます。

・「労働災害の防止のための業務に従事する者に対する能力向上教育に関する指針」（厚生労働省公示）
・「危険または有害な業務に現に就いている者に対する安全衛生教育に関する指針」（厚生労働省公示）

⑽ 特別な教育手法を採用する

ア．感受性を高める危険予知訓練（KYT）

　KYTは、安全感度を高める手法です。「職場づくり」に結び付くという考え方もあります。KYTは筆者のいた会社が発祥で、その後中災防が中心になって全国に広め、日本の安全活動に欠かせないものとなっていきました。その取り組み方は、中災防が進める方法に限定されず、それぞれの事業場（会社）に適した（効果があると考える）手法に進化してきています。中災防の進めるKYTについては、中災防のホームページで確認できます。ここでは、KYTについて、考えておきたい点をいくつか紹介します。

　KYTでは、KYシートと呼ばれているイラストシートを使って、作業の安全について考える方法が一般的です。イラストシートを使わずに、現場の写真を見ながらとか、実際に現場に出向いてという方法が採られることがあります。実際の作業における危険について考える時には、とてもよい方法だと思いますし、実際の作業の安全確保に直接活かせます。一方で、対象が限定されてしまう（当該の作業の手順における危険についてのみ考える）ために、想像力を膨らませて感度を高めるという面ではイラストシートの方がよいかもしれません。

「危険を予知する」ということですが、予知する危険とは何でしょうか。「挟まれる」とか「転落する」という「災害の型」でしょうか。予知するのは「危険の型」ではなく、「災害」であるべきだと考えます。リスクアセスメントが災害の重篤度を正面から見つめてリスクを評価するのに対して、KYTで一般に行われているのは「挟まれる」とか「転落する」などと「型」の予知になっており、切実感がないということになっていないでしょうか。予知するのは、結果としてのケガ（重篤度を含めて）にした方が、現実の問題として受け止めることになると考えます。

　ポイントを「絞り込む」とされることが多いですが、よほど注意しないと、「絞り込む」ことによる弊害が出てしまう可能性があります。軽重を付けることは大切ですが、切り捨てることではないので、誤解を招かない運用が必要でしょう。

　KYTで用いられる言葉は独特な言葉が多いと思います。独特なことが悪いのではなく、合理性に欠ける表現は、施策の実効性を損ねることに気を付ける必要があります。

イ．体感教育を活かす

　筆者は「安全体感教育」と言っていますが、「危険体感教育」とも言われています。模擬的に危険を体験して、安全を確保するために必要なことを学ぶ教育です。挟まれ・巻き込まれや転落などの典型的な災害を想定したものから、事業場固有の課題を取り上げたものまで、多様な教育項目の体感教育が行われるようになってきています。

　体感教育はむずかしい教育です。「危険」を「安全に」体験するために細心の注意（設備面の対策を含めて）が必要です。また、教育の仕方によってはゲーム感覚で、「面白かった」で終わる可能性

もあります。また、危険を体験することで、かえって「自分は大丈夫」「自分はこんなバカなことはしない」という気持ちが強くなったり、「実際の作業では注意するから関係ない」などと考えてしまい、危険な行動を自分で容認してしまうことに繋がりかねません。講師の指導の仕方が重要ですし、受講後の職場でのフォローも重要です。

　また、体感教育は、教育設備の維持や適切な講師の確保を継続的に実施する覚悟がないと長続きしません。外部の教育機関を利用したり、イベント的に（職場の設備等を使いながら）実施する方が、現実的で効果を上げることもあります。

　体験・体感させる教育には「リアリティーを高めることが必要だ」という考えもありますが、かえって受講者の想像力を抑え込み、応用範囲が狭くなるということにならないよう留意した指導をすることが欠かせません。

　体感教育に近い教育として、VR（バーチャルリアリティ）などを利用した教育もあります。災害にあった時の衝撃などを実感できますが、体感教育と同じような課題がありますし、よりゲーム感覚に近い教育だということもできます。講師の適切な指導と組み合わせることが欠かせません。

ウ．ハードルを下げるための訓練

　教育をすれば、直ぐに実務で活かせるようになるとは限らないことは当然ですが、企画する側や派遣する側が「教育をすれば、直ぐに実務で実行できる」と思い込んでしまうことがあります。実務で教育効果を活かせるようにするためには、技能教育に限らず、マネジメント系の教育でもOJTは欠かせません。Off-JTの中でも、訓練を織り込んで、実務で活かす時のハードルを下げる工夫があってもいいと思います。例えば、「何かトラブルがあれば報告すること」

など報連相の重要性について教育するのであれば、「失敗した時に謝る訓練」「困った時に相談する訓練」などが思い浮かびます。この章の(1)にも記載しましたが、ミーティングの進行とか、報告を受ける時の受け答えなども訓練の対象になるのではないでしょうか。訓練の手法としてのロールプレイングの多くは、管理側・指導側の訓練ですが、報告や相談する側に対する手法として考えてみてもいいと思います。

(11)　個人技能評価

　仕事をするためには、さまざまな技能が必要になります。各職場の業務に必要な技能を整理して、一人ひとりの習得度を評価して、習得度に応じて仕事の範囲を決めて安全を確保するという取り組みを行っている事業場があります。目的は安全衛生管理だけでなく、幅広い技能伝承ということにもなります。的確な業務は安全な作業の基礎となり、安全な作業に繋がります。

　技能評価する時に、「『安全に』仕事を遂行する」ことと「関係者と連携を保って（調整をしながら）仕事をする」ことを評価項目として織り込んでおくことも大切だと思います。

6. 労働災害発生時の対応

　万が一労働災害が発生した時は、事業者としての責任ある対応が求められますし、対応の仕方が災害発生後の安全管理に大きな影響を及ぼします。この章では、ヒヤリ・ハット報告を含めて、どのようなことを考えて対応するとよいのかについて取り上げます。具体的な対応は、他のテキストなどでも確認してください。

(1) 災害発生時の対応の基本

ア. 速やかな治療

　災害発生時に最も大切なことは、被災者の治療・回復に最善を尽くすことです。軽度の場合には、この程度なら医療機関での診察や治療は不要だろうと思いがちですが、処置が遅れて悔やむことのないように、医療機関での診察を受けることを徹底しておいてください。治療が不要だとの医師の診察ならば、結果として「よかった」ということで、「こんなことならわざわざ受診しなくてもよかった」という考え方は不適当です。

　なお、被災時の救急措置の適否が、被災者の回復に大きな影響を及ぼすことがあります。簡単な例は止血です。出血量が多い時に止血をしないと命に関わります。この他、熱中症に対する対応、熱傷（やけど）への対応、化学物質が皮膚に付着したり眼に入ったりした時の措置、酸欠や急性中毒の可能性のある時の対応など、それぞれの職場のリスクに応じた救急措置が、職場内で周知されているか確認しておきましょう。

医療機関への搬送については、救急車を要請することが基本です。軽度のケガの場合に、やむを得ず自家用車（業務用車）に被災者を乗せて医療機関に連れて行くということもあるかもしれませんが、目指す医療機関が休診だったり、あせって運転して交通事故にあったりという可能性もありますので、安易に自家用車使用を選択しないように周知しておくことも必要です。救急相談＃7119を活用した方がいい場合もあります。

被災者が医療機関を受診した場合の治療費は、労災保険を使うことになります。健康保険を使うことは違法です。医療機関受診時に、労働災害である旨を申し出るようにします。労災保険の手続きがわからない場合は、労働基準監督署や事業場で契約している社会保険労務士に聞けばわかりますし、当該の医療機関でも教えてくれるはずです。労災保険申請は、被災者本人名での申請になりますが、事業者証明も必要になりますので、現実には事業場が手続きをすることが多いと思います。まれに労働災害か私傷病かわからないケースがありますが、その時は医療機関にその旨を伝えるとともに、労働基準監督署に相談するなどの対応をとることになります。

いずれにしろ、被災者本人はもとより、家族の思いにも心を寄せて、被災者第一の対応をすることが大切です。自分が被災者になった場合のことを想像すれば、どのような対応が適切なのかが判断できると思います。

イ．二次災害等の防止

二次災害や地域への影響を含め災害原因となる事象の拡大を防ぐ対応を併行して行うことが不可欠な場合もあります。酸欠、中毒、爆発などの事故・災害に結び付くおそれのある業務に関係する職場などでは、事故・災害発生時に全従業員が的確な対応ができるよう

に教育や訓練をしておくことが不可欠です。

ウ. 報告

　事故や災害が発生した時には、事業場で決めているルールに従って関係先に報告することになります。法令に基づく労働基準監督署への報告も必要になります。なお、万が一、生死に関わるような災害が発生してしまった場合は、電話などで速報しておくことになります。労働基準監督者や警察署の立ち入りもあるかもしれませんが、このような場合は、誠実な対応が求められます。石油コンビナート等災害防止法、高圧ガス取締法、毒物および劇物取締法などが適用される場合は、それぞれの法令に従った報告などが必要なこともありますし、公道での交通事故などは警察署への報告も必要なことは当然です。緊急連絡体制が確立されて周知されているかを含めて、事業場として適切な対応ができるようになっているか確認しておきましょう。

エ. 対応方法の周知等

　各職場単位で見れば、労働災害が職場内で発生する確率は低いでしょう。めったに発生しない事態に的確に対応するためには、基本的なことは事業場規程や要領などとしてまとめ、管理監督者などに教育しておくことが必要です。

　決してないとは思いますが、安全管理者が、災害現場に行った時に被災者の状態を確認することもなく、災害原因についてばかりに関心を持つような対応をするようなことがあってはいけません。現場第一線の従業員にとっては受け入れがたいことで、その後の安全管理もうまくいかなくなるでしょう。いつも従業員のことを最優先にした姿勢でありたいと思います。

(2) 災害原因へのアプローチ

　災害が発生すると直接的な原因だけでなく「間接原因」「根本原因」や「背景」まで原因を追究して、対策を取るべきだと言われていますが、一回発生した災害だけを取り上げて、このようなことを見極めるのは容易なことではありません。このようなことは、災害が発生してから、その都度対応するものではないと筆者は考えています。災害に繋がる「背景」があるのであれば、災害が発生してからでなく、常日頃からそのような状態にならないようにすることが必要でしょう。結果として労働災害という現象になって現れてきていると考えた方がいいでしょう。

(3) 災害の教訓を活かす

　Ⅰ編－2－(3)でも取り上げましたが、災害が発生した後の類似災害防止対策については、災害の原因に絞って考えるよりも、「どうすれば次の災害を防ぐことができるか」と考えた方がいいでしょう。災害原因に1対1で対応した対策も必要ですが、適用の範囲は限られてしまいますので、幅広く教訓を活かすという視点が必要です。

(4) 他職場の情報を活かす

　他職場や他事業場の災害情報も活かして、職場の安全確保に繋げることが大切なことは言うまでもありません。実際に発生したことから得られる教訓は、真剣に受け止められます。直近の事例だけでなく、過去に起きた災害や、他社の災害についても教訓を活かすようにしたいものです。

ただし、災害情報に関して注意すべきことがあります。一つは、「よそ事」として災害情報を受け止めがちなことです。例えば、交通事故のニュースを見ても、自分のことに当てはめてその教訓を活かそうとする人は必ずしも多くありません。災害報告書の発生状況を見て、自職場や業務との違いに目が行ってしまい、「自分たちはちゃんとしている」と思ってしまうようなことはないでしょうか。「違い」を見出して安心してしまうことがないようにしなければ、教訓は活かせません。災害の「痛み」を認識することから始めて、教訓を引き出すような類似災害検討が必要でしょう。安全管理者を通して、災害情報が各職場に伝えられることが多いと思いますので、注意してください。

　もう一つは、災害報告書を見た時は、教訓を活かそうとしたとしても時間の経過と共に忘れられてしまいがちだということです。すべてを覚えておくようにと言っても現実にはむずかしいことですが、「教訓を活かし続ける」という意識を管理監督者が持つことが必要です。教訓が教訓として生き続けるようにするためには、教育に織り込む（教育テキストに書き込む）とか、啓発し続けるほか、制度（作業標準の見直しなど）として押さえる、ハードとしての対策を実施するなどの方法があります。事業場内の災害の教訓を活かし続けるために、過去の災害発生日をカレンダーとしてまとめて、各職場のミーティングなどで活用している事業場もあります。

(5)　ヒヤリ・ハットなどを活かす

　安全管理のテキストやセミナーなどでヒヤリ・ハット活動の有効性や取り組み方が紹介されていますので参考にしてください。この項では、筆者が気になることを何点か取り上げます。

災害の重篤度によって、災害発生後の対応が変わることがあります。簡単に言えば、重篤な災害が発生した時と、ヒヤリ・ハットで済んだ時の対応の違いです。重篤な災害が発生したら、さまざまな視点で再発防止対策がとられるはずですが、ヒヤリ・ハットはどうでしょうか。たまたま災害に結び付かなかったということであれば、災害発生時と同じ対応を取るべきことは言うまでもありません。リスクアセスメントの考え方（災害の重篤度と発生の確率で評価）です。理屈では誰でもわかっているのですが、このようなリスクの観点から対応がとられているのか確認してみてください。

　ヒヤリ・ハット活動は、ヒヤリ・ハット事例が報告されて初めて成り立つ活動です。では、報告されるようにするためにはどうしたらいいのでしょうか。「ヒヤリ・ハットがあれば、必ず報告せよ」と繰り返し指導するとか、毎月の報告件数の目標として従業員にノルマとして提示するとか、といった方法をよく見受けます。あなたが、ヒヤリ・ハット報告を提出する立場であれば、このような指導をどのように受け止めるのでしょうか。

　ヒヤリ・ハット報告を活かすためには、報告されたら、職場の管理者が報告者と共に現地に行って、ヒヤリとした状況について確認することを勧めます。このようにすると、職場のトップがヒヤリ・ハット報告に関心を持っている（報告者（の安全）に関心を持っている）ことを行動で示すことになります。どんなに些細な事であっても関心を示すことが、報告者が報告することの意義を感じることに繋がります。職場の管理者は、現地を見ると「何か指導をしなければ自分の立場がない」と思いがちですが、真剣に聞き、共に考えることこそが、管理者への信頼を高めることになりますし、ヒヤリ・ハット報告の質を高めます。

　なお、ヒヤリ・ハット活動に過度の期待を抱いて、どんなことで

もヒヤリ・ハット報告を提出するように求めることは適当ではないと考えます。不安全な行動をせざるをえない作業や不安全な状態（改善すべき状態）があれば、別に報告するようにすべきでしょう。安全に仕事ができないことがわかっていることまで、ヒヤリ・ハット事例として報告を求めるではなく、「ヒヤリとした」「ハッとした」ことを報告対象にするとしておいた方がいいのではないでしょうか。もしくは、ヒヤリ・ハット報告ではなく、「無災害事故報告」などと名前を変えたり、別に「設備不具合報告」などを制度化したりする方法もあると思います。

7. 安全管理業務の計画

　安全管理者としての業務を着実に進めるためには計画を策定することが欠かせません。ただし、形の整った計画がすべてではなく、将来展望を持って何をするべきかを整理しておくことも大切です。

　なお、安全管理について、職場で実施すること（職場活動）と安全管理者が事業者責任を担って実施することが、混同して取り上げられることが多くありますが、両者を分けて考えるべきだと思います。もちろん、前者の職場活動の実施を誘導し、フォローすることは安全衛生部門（安全管理者）の仕事ですし、事業場の取り組みです。後者は、「戦略的に投資を行って機械安全の考え方に従って安全対策を進めていく」といった類の課題で、職場活動ではなく事業場の課題で、安全管理者の課題です。整理して考えた方が、混乱が少ないでしょう。

　この章では、OSHMS（労働安全衛生マネジメントシステム）との関係について触れていませんが、OSHMSを導入する（している）場合は、安全管理業務の計画も安全衛生目標や計画としてPDCAサイクルに組み込んで取り組むことになります。

(1)　基本的安全管理業務を確認する

　いずれも他の章で取り上げたことですが、まず、法令で規定されている安全管理の中で定期に実施すべきことを整理します。定期自主検査（特定自主検査）、特定機械の性能検査、月次点検などです。次に、計画的に実施することを整理します。例えば、法令で決まっ

ている従業員の資格取得や安全衛生教育などです。事業場外の教育機関などを利用する場合は、現状把握を行った上で登録教習機関の講習スケジュールや免許試験の時期の確認が計画の前提になります。事業場内で実施する場合については、必要性の整理と講師の予定の確認、研修会場の手配なども必要でしょう。これらのことが事業場の安全衛生計画に織り込まれているか確認しておいてください。

(2) 中長期的課題への対応

　事業場の課題を整理し、課題への対応の見通しを持っておくことが、事業場の安全衛生水準の向上に繋がります。どのような課題があるかは、事業の種類や事業場の置かれた状況によって違います。直ぐに実現できることばかりではなく、計画的に実施すべきこともあるでしょうし、タイミングを見て（例えば、生産ラインの更新にあわせて）実施をすることが適当なこともあります。いずれにしろ、どのような状態にしたいのかということを頭に描いておくことが大切です。描き方も明確であるに越したことはありませんが、漠然とした「思い」ということがあってもいいと思います。目指す姿を思い描いておきましょう。

　目指す姿があって、その中で中期的に実施することを明確にします。事業場として中期事業計画を策定することになっている場合は、その計画にあわせて安全衛生関係の計画も策定すると事業場関係者の理解も得やすいでしょう。設備投資を伴う場合や安全意識の向上に関する計画などには、中長期的展望が欠かせません。ただし、すべてが同じ枠組み（計画期間）に収まるものではありませんので、枠組みに合わせてⅠ期、Ⅱ期などと分割した計画にした方がよい場

合もあります。また、実現していくために多面的な検討や関係事項が多い場合は、縦（軸）を実施項目、横（軸）を時間（月など）にして、各項目の実施期間を矢印などで示したロードマップ（表や図）を作って、計画的な実施に結び付けるといいでしょう。なお、計画の策定に当たっては、背景（計画に織り込む理由・根拠データ）を整理することも必要です。

(3) 年単位の職場活動計画をつくる

安全衛生活動は年（年度）単位で実施することが多いと思います。表Ⅱ－8は、年単位で繰り返し実施することの例として示したもので、実際には各事業場で必要なことを整理してください。

中長期的展望を持つ中で、1年間を通して重点実施活動などとして実施することもあります。重点実施活動については、背景を提示した上で、職場でどのように取り組むのかについて企画書のような形で具体的に提示する必要があります。例えば、「安全行動の徹底」とか「事業場安全順守事項を踏まえた作業の実施」などです。具体性がないままに重点実施活動としても、掛け声だけに終わって実効を伴わないことになりがちですので、気を付けてください。

また、年（年度）単位で安全衛生活動を実施することになるために、1年で完結しないことを1年で終わらせてしまうようなことがないようにしたいものです。人（従業員）の意識や職場マネジメントの状態は、そんなに簡単に変わるものではありませんので、中長期的展望を持って計画的に取り組むべきものと考えた方がいいでしょう。

表Ⅱ-8 年単位安全衛生管理計画の例

月	行　事	事業場実施事項	各職場重点活動	特記点
1月	年末年始無災害活動		作業基準書見直し	
2月		クレーン性能検査（○号機）	定期自主検査［クレーン等］	安全衛生予算確定
3月	全社安全衛生委員会		明るさ・見やすさ確認	
4月			定期自主検査［クレーン等］	新入社員教育
5月		クレーン性能検査（△号機）		
6月	熱中症予防強化期間［～8月］			
7月	安全活動強化月間	社長メッセージ伝達	配属新入社員教育	新入社員配属
8月			リスクアセスメント確認	
9月	全社安全衛生委員会			
10月	衛生活動強化月間	職場安全活動発表会	保護具重点点検	来年度事業場安全衛生計画策定
11月			作業方法改善活動	各職場安全衛生活動計画策定
12月	年末年始無災害活動			

※各行事における取り組みの詳細は、別途策定

(4) 月・週単位の業務計画

　事業場の月単位の安全衛生計画（行事）を表にまとめて、翌月計画として安全衛生委員会などに報告するとともに必要に応じて各職場に周知するといいでしょう。各職場で共通して実施することも計画として提示しておくと確実な実施に結び付きます。

表Ⅱ－9　〇月安全衛生計画の例

事業場		
日	実施事項	留意事項
1（月）	安全衛生委員会	
3（水）	安全管理者職場確認	X職場
4（木）	部門安全衛生責任者会議	
5（金）	総括安全衛生管理者懇談	S職場
8（月）	協力会安全会議	
9（火）	はい作業主任者研修	能力向上教育
	事務所環境測定	事務本館、工場管理事務所
12（金）	安全管理者職場確認	Y職場
17（水）	安全管理者職場確認	Z職場
25（木）	安全衛生委員会事前説明	総括管理者、労働組合
各職場		
期間	実施事項	留意事項
第1週	局排等月次一斉点検	作業主任者実施
第2週	職場安全衛生会議	
第2週	保護具月次一斉点検	
第3週	職場交流安全衛生確認	

また、安全衛生部門内で、月単位の計画と前月の総括（計画に対する成果と残された課題の確認）に関する打合せを行うことも多いと思います。Ⅰ編－3－(2)で取り上げましたが、安全衛生部門としての事業場責任者（総括安全衛生管理者や事業所長）に対する課題報告もこの一環です。安全管理者自身が業務課題を再確認する機会にもなります。事業場責任者の予定も確認して、計画に織り込んでおきましょう。

　法令で安全管理者の職場巡視が求められていますので、月単位の計画に現場に行く予定を織り込んでおくといいでしょう。ただし、計画に織り込まずに、時間を作って「ふらっと」職場に出向いて、現場の普段着の状態を確認することもとても大切です。

　1週間単位の業務を週間予定表を部門内で作成し、週初めに部門内の打合せを行い、共有するという方法がよく行われています。実務的な備忘録としても有用だと思います。

III

安全管理業務を充実させる

1. 安全管理充実の着眼点

　安全管理者になるべく、安全管理を充実させるためにさまざまな取り組みを検討することになります。この章では、安全管理の取り組みでよく取り上げられる施策について、概要と共に実効を上げるための着眼点についてまとめています。経験的な記述もありますので、それぞれの事業場にどのように適用したらいいのかについては、安全管理者として、自分で考えてもらいたいと思います。

　化学プラントなどでの爆発事故対策など、業種に固有の専門的（技術的）な対応については、ここでは取り上げません。

(1)　妥協しない指導

　職場では、危険な作業（やってはいけない作業）に対して、妥協せずに危険な作業を回避するための対応をする（安全な作業に変える）ことが必要です。新人の作業に対してだけでなく、ベテランに対しても同じです。ただし、危険な作業をする理由の多くは、「うまく仕事をしよう」という意識（自覚しているかは別にして）の下でのことです。

　危険な（危険と思われる）作業を見ても、「仕方がない」とか「危険な作業と断定できない」と思ってしまう（自分を信じこませてしまう）ことがあるかもしれません。このような時には、作業を一旦中断させて、作業継続の是非を判断することが必要です。妥協は、妥協を生んで、安全に対する職場全体の意識も低下させてしまいます。重要なことは、このように危険なことに対して「危険だ」と言

える職場、「妥協しないことが、普通のこと（特別に勇気のいることではない）」「妥協することは、おかしい」という事業場の常識を形成していくことです。誰もが効率的にいい仕事をしたい、手っ取り早く処理できることは処理してしまいたいと思うことは当たり前のことだと思います。このようなことも理解しながら、「妥協しない」職場を作り、根付かせていくことになります。

　もし、危険な作業を従業員の判断で中止した場合、事業場としてこれを是とするか非とするかが、危険な作業を回避できるかどうかの分かれ道と言ってもいいでしょう。公式には、「安全に妥協無し」としている事業場がほとんどだと思いますが、現実はどうでしょうか。現実がついてきていないようであれば、どこに課題があるのか考えて、事業場に合ったやり方で「常識」を変えていきたいものです。安全に限らず、気付いたことを躊躇することなく伝えられる風土をつくることだろうと思います。安全活動として行うことでも、制度として行うことでもなく、事業場のマネジメントの課題です。

　（相互）忠告活動、イエローカード制度等といった活動として取り組まれている事業場がありますが、実効を上げるためには工夫が要りそうです。形に残すことの影響（プラス面、マイナス面）も考えて運用することが必要でしょう。

(2)　変更管理

　事故や災害は、仕事を取り巻く状況に変化があった時（通常と異なる状態の時）に発生しやすくなります。簡単な例で言えば、トラブルがあった時、設備を改造した時、仕事のメンバーが変わった時などです。このような時の対応の仕方についてルールを決めて、事故や災害を防止する取り組みを変更管理（Management of

Change、MOC）と言います。

　変化点管理と言われることもあります。「変更」は主体的意図的な力が加わっている印象を受けます。一方、「変化点」というとピンポイントの課題という印象がありますし、外的要因が関わって意図せずに生じている印象を受けます。どちらの表現でも、事業場で違和感のない表現を用いればいいと考えます。

　変更管理の考え方は、化学産業から始まったと言われていますが、現在ではIT産業などでも使われているようです。ポイントは、「どのような状況」を変更・変化と考えて、「どのような対応をとる」のかを決めておくことです。漠然と「変更時は上司に相談をする」などとしておいても、有効に機能しないでしょう。「変更」に何が該当するのかをリストにして整理して周知しておくことを勧めます。また、既知の変化（業務開始時には判明している変化）については、業務開始前に関係者で対応を予め確認しておくようにします。例えば、設備の改造や更新、特殊品の生産、特別な作業、メンバーの変更などです。業務遂行中の突発の変化（トラブル）などは、その都度の対応になります。前述の「異常時の措置」の範疇として考えることができます。

　設備の改造や更新に伴う安全衛生上のリスクに対しては、関係する技術者等が主体になって保全関係者・操業関係者で初期トラブルの可能性や監視方法、トラブル時の対応方法について確認しておくことも必要です。リスクアセスメントでもあります。もちろん、トラブルが発生しないように改造や更新を行うことが前提ですが、トラブルは絶対に発生しないと考えることは、かえってトラブル発生時の対応がうまくいかずに大きな事故や災害に結び付くことにもなります。化学プラントでの爆発などの過去の大事故の原因として、設備の変更、計測機器の更新や位置の変更、原材料の変更などが挙

げられ、変更管理の重要性が強調されています。

　職場で対処する変更管理と設備の改造等に伴う変更管理は、対応を分けておく方法もあります。リストで大まかに整理して、職場の気付きを促すようにするとよいと考えます。変更管理の対象を安全衛生面に限らず、業務に関わること全般として、その中に安全衛生管理に関わることを挙げるという方法もあります。

(3)　整理整頓

　整理整頓は安全の基本と言われています。仕事をしやすい環境を整備したり、必要な情報を必要な時に引き出せるようにするという意味では、事務的な仕事まで含めて重要な取り組みです。品質や生産性の向上にも結び付き、「儲かる」と直接的な経営貢献の方策として取り上げられることもあります。

　整理整頓だけをテーマにした単行本が発行されるほど関心を持っている人が多く、ある意味では奥の深い取り組みということができるかもしれません。こだわりを持って取り組んでいる人もいます。事業場で取り組む時は、「仕事を効率的に気持ちよく進められるようにする」ことが整理整頓の基本であることは忘れないようにしてもらいたいと思います。この基本を職場が実感できるように進めることが欠かせません。

　整理整頓 (Seiri Seiton；2S) から、清掃 (Seisou)、清潔 (Seiketsu)と頭文字Sの言葉を並べて取り組んでいる事業場もありますが、どこまでSを並べるかは、本来の目的から逸れないようにして、職場の従業員がどう受け止めるかを考えて検討することが必要です。

　整理整頓の具体的な方法や進め方については、テキストもありますので参考にして、事業場としての取り組みを進めてください。整

理整頓の職場認定制度などを設けている事業場もあります。

(4) 職場ミーティング

　始業時ミーティングをはじめ、職場で業務内容を確認したり、安全上の必要な情報を共有するためにミーティングが行われます。ミーティングをリードするのは、そのグループの長（監督者等）あるいはその代理者であることが多いでしょう。

　ミーティングの進め方はさまざまなテキストに取り上げられていますので参考にしてください。ここでは、有意義なミーティングとするために気を付けたいことを二つだけ取り上げます。

　一つは、ミーティング参加者（通常は職場の従業員）が関心を持てる内容にすることです。従業員であれば、集中してミーティングに参加することが当たり前ではあるのですが、参加者が自分に関わりがあることと受け止められるようにした方がいいのも確かです。情報の伝達でも、単に伝えるだけでなく、自職場、さらには個々の従業員との関連を含めて伝えれば、聞いている方も自分のこととして受け止めることになります。前日（終業時であれば当日）のトラブル（当該の職場や関連の職場での事故や災害を含めて）について説明し、再発防止について意識を高めることがよく行われますが、職場での対応を具体的に確認できるように伝えることが欠かせません。

　もう一つは、参加型にすることです。ミーティングをしている場所にいるだけで、話を聞いていない（実質的にミーティングに参加していない）人はいないでしょうか。理解度を確認するとか、参加メンバーに発言させるなどが考えられます。後述する危険予知や始業時の健康確認もこの一つになります。

日々の職場のマネジメントが安全管理には重要ですので、ミーティングの進め方について監督者などに指導や教育を行っておくことが大切です。

(5)　タッチアンドコール、唱和

　タッチアンドコールは、職場の一体感を醸成する一助になるでしょう。ただし、他の人と手を触れることを好まない人もいるかもしれません。やり方はいろいろありますので、工夫してみてください。

　職場方針や安全の厳守事項を、始業時ミーティングなどで全員唱和することも、安全意識を高めることに繋がるでしょう。唱和のリーダーを持ち回りにして、ひと言コメントの後に唱和するような方法もあります。

(6)　危険予知

　危険予知活動（KYK）などという言い方もされているようです。作業の前に（ツールボックスミーティングなどで）、その作業における危険を予知して、安全に作業を遂行しようという取り組みです。

　非定常作業で作業手順が決まっていない作業での手順を追ってのKYから、日常的な作業で安全のポイントをチェックして確認するだけのカードKYや口頭KYなどもあります。一人作業が多いことを踏まえて、自問自答KYとか、通信手段を利用しての無線KY（リモートKY）なども行われています。実践KY100などとして、すべての（100％の）作業でKYをするという考え方もあります。

安全管理者の中には「KYを徹底したい」と考えている人がいると思います。「徹底しなければならない」状態があるということに対して、従業員はKYを実施してもしなくても、「実際の作業の安全には関係ない」と思っているのではないでしょうか。どのようにしたらKYの実効が上がるのか、実際にKYをする立場で考えてみてください。なお、筆者自身は、KYはその時々の作業「手順の確認」の一環だと考えています。安全な作業をするためには、作業手順に沿って対策を考える必要があります。

　また、KYをその場限りのことに終わらせないことも大切だと思います。KYで気付いた危険に関して、事前に対策をすることはもちろん、次回以降の作業の時により安全にできるようにハード、ソフトの両面から対策を実施することに繋げることが大切です。このためには、作業の終了後に、KYの内容と実際の作業を振り返り、安全に作業を行うために抜けていたことを確認することも必要です。KYを安全衛生水準を上げることに繋げるという考え方です。

　「KYしたことを書いて残し、上司が（後から）コメントを付して職場に返す」ことを徹底している事業場もあります。関係者全員で「安全」の価値を共有して、安全な行動を促すことになっていくのだと思います。

　工事などではKYボードを使って、KYをして、ボードを誰もが見える場所に置くということがよく行われています。作業に従事する人たちの安全意識を高めることには役に立っていると思うものの、実効が上がっているのかについては、よくわかりません。見掛けだけに終わっていないでしょうか。

(7) 安全施工サイクル

　建設業を中心に、作業と安全を一体化して安全施工サイクル（運動）として取り組まれています。建設業以外の事業場も各職場に合わせて（合わせた形にモディファイして）安全活動を安全サイクルと取り組むことも可能でしょう。

　　＜建設業の安全施工サイクルの取り組み例＞
　ア．毎日の実施事項（各取り組みを関連させながら進め、翌日
　　の作業に結び付けていく）
　　①安全朝礼　②安全ミーティング　③作業開始前点検
　　④作業所長巡視　⑤職長・部門安全衛生責任者等による作業
　　中の指導・監督・職場内教育（OJT）　⑥安全工程打合せ
　　⑦持場の後片付け　⑧終業時の確認・報告
　イ．毎週の実施事項
　　①週間安全工程打合せ　②週間点検　③週間一斉片付け
　ウ．毎月の実施事項
　　①災害防止協議会の開催　②定期点検、自主検査（元請・専
　　門工事業者）　③災害事例等による安全衛生教育
　　④職長会の開催
　エ．随時行う活動
　　①入場予定業者との事前打合せ　②新規入場者教育
　　③持込機械の届出

(8)　工事管理

　事業場内の補修工事や建設工事は、社内組織で管理する場合もあれば、外部の専門会社などに依頼することもあるでしょう。工事と言っても、大規模なものから、小修理のようなことまであります。

　大規模な工事では、設計図や発注仕様書（どのような条件の下でどのようなことを完成させるのか）、工事計画書や施工要領書（どのような方法で工事をすすめるのか）、作業指示書（具体的な作業はどのようにすすめるのか）などが多層的に作られ、それぞれの段階で安全衛生管理上実施すべき事項が明記されることになります。これらの文書の名称は、事業場（会社）によって違います。設計の段階で、安全に施工できることを織り込むことが必要なことは言うまでもありませんし、工事の実施段階で作業を行う前に、危険予知（作業をすすめる中での危険はどのようなことが想定されてどのような対策を講じるのか）を行って、安全な作業に繋げることが欠かせません。

　工事の規模が小さくなれば、関係する文書も簡略になったり、省略されたりすることが多いでしょう。ただし、工事の規模に関係なく、危険な作業は危険です。危険度に応じた工事管理を行うという考え方も必要です。事業場によっては、危険度などに応じて管理レベルのランクを決めて安全管理を行っていることがあります。

　工事を外部の専門会社などに発注する時も、Ⅰ編－4－(5)に記載したとおり、事業場内のこととして、安全に工事が遂行できるようにすることが必要です。

(9)　安全衛生改善活動（安全改善提案）

　安全衛生改善活動は、従業員が直接安全衛生水準向上に関わることができる機会になります。改善の内容が、たとえ些細なことであっても、従業員の安全活動に対する意識を高めることにもなります。

　評価する仕組み（表彰など）があると、改善活動（提案）を活性化させることになります。改善のテーマ（視点）として、直接に安全衛生に関わることに絞らずに、仕事をしやすく（無理や負荷を減らす、無くす）することによって結果として安全に繋がることも含めると、改善（提案）の幅も広がります。

　ただし、折角安全のために改善したことが、設備のトラブルなどに繋がって、かえって不安全な状態を招くようなことがあってはいけませんので、必要に応じて関係部門の確認を得て、改善をするようにする仕組みも必要です。

(10)　安全行動調査、性格診断など

　従業員が安全な行動を優先するタイプなのかを調査したり、チェック票で性格診断したり（この項では、以下、「調査・診断（する）」と記載します）して、安全指導に活かそうという考え方があります。非常にセンシティブな（慎重に取り扱わなければならない）取り組みです。取り扱いを誤ると、プライバシーや人権の侵害に結び付く可能性もあります。一方で、従業員本人が自分の行動特性を知って、安全な行動に結び付ける契機にするという面もあります。職場内でお互いの特徴を知って、相互の安全確保のために活用することも考えられます。

　調査・診断する時に、考えておかなければならないことがありま

す。まず、調査・診断の結果が絶対ではないということです。過去の調査研究の成果などを基にして統計的に行動特性や性格の傾向を示すことができるだけで、正しいとは限りません。2点目は、調査・診断の内容（確認項目）が妥当か見極めて、安全活動に間違いなく活かせる道筋を明らかにしておくことです。混乱だけ残すようなことにならないように実施の是非と方法を慎重に判断することです。3点目は、調査・診断の結果の活用方法を予め明確にしておくことです。4点目は、以上のことを含めて、調査・診断を行う意義を関係者全員（実施する側から対象になる従業員一人ひとりまで）が納得する形で進めるようにすることです。調査・診断の意義と個人データの取り扱い方を、キチンと文書に整理して提示することも欠かせません。

　調査・診断を否定しているのではなく、上述のとおり、うまく活用できれば、職場内のコミュニケーションを促し、職場の安全水準を高めることに繋がると思います。調査・診断は、事業場（職場）の安全管理を含めたマネジメントの状況によっては、実施しない方がよい（実施できない）場合があります。「調査・診断をして、安全上問題のある従業員をあぶりだして指導を徹底する」などという考えのある事業場では、絶対に実施しないことです。調査・診断と言う個人レベルの問題以前の、従業員同士が支え合う環境がなければ、トラブルになりかねません。

⑾　指差呼称（指差喚呼、指差確認喚呼）

　指差呼称は、鉄道などの信号の見落としや見間違いを減らす効果があるとされています。指で指すことで、指した方向を目で確認することに繋がります。意識レベルとの関連で効果が理論付け（フェー

ズ理論）もされています。ただし、現実の作業形態とマッチしていなければ、効果が上がることはありません。例えば、連続的な作業（流れるような作業）の中で逐一指差呼称をすることを求めても現実的ではありません。大きな声を出して実施すべきだとか、姿勢を正してすることなどという形式にこだわった指導は、安全活動の形骸化を生みます。また、指差呼称は、ミスを減らす効果があるとしても、ミスを無くすことはできないことも認識しておく必要があります。

このような限界を理解した上で、指差呼称をして効果がある作業を見極めて、取り組むことが必要です。鉄道の運行関係の業務、動力や燃料の遮断、玉掛け作業、工場出入口での安全確認などが適しているだろうと考えます。指差呼称すべき場所に、足元表示をしたり、標識を掲げたりしている事業場もあります。

指差呼称は、安全管理を指導する側としては推進しやすい取り組みですが、進め方を誤ると逆効果になりかねないことを頭に入れておきましょう。

⑿　挨拶

挨拶は、安全の基本と言われたりします。「元気な声であいさつを」などをスローガンにして、挨拶を徹底しようとしている事業場もあります。コミュニケーションの入口に挨拶があります。安全管理の基本の一つとして、コミュニケーションがあり、課題を共有したり、安全行動を支え合ったりするために欠かせません。安全衛生管理の面だけでなく、職場として一体感を持って仕事を進める上でも必要なことでしょう。挨拶は、「相手の『存在』を認める」ことです。逆に言えば、挨拶をしないと、相手が「無視された」と感じること

もあり、職場の一体感を阻害します。なお、挨拶は、まず上司が部下にするものです。「部下の存在を認める」ことが職場マネジメントの基本です。

挨拶の言葉は、「おはようございます」「お先に失礼します」など一般的に使われている言葉もありますが、「ご安全に！」はとても便利な挨拶です。どんなタイミングでも「ご安全に！」の挨拶で済み、どんな挨拶をしたらいいのか迷うこともありません。安全に仕事をしようという気持ちを表した挨拶でもあり、広く使われてきています。筆者の在籍した会社では、安全衛生管理に直接関係のない経営関係の会議などでも「ご安全に」で始まり、「ご安全に」で締めくくられていました。また、筆者の同僚がベトナムで安全管理を担当していた時に、ベトナム語で「ご無事に」という意味の「LUÔN AN TOÀN」を挨拶として取り入れて一体感を持った安全管理を進めることができたと聞いています。参考にしてください。

挨拶は「大きな声で」としている事業場もありますが、「大きな声」にこだわらないことも大切です。筆者には、形式を求める安全管理と感じられます。相手に、伝われば十分です。挨拶は、相手の存在を認め、相手の状態を確認するものです。言葉でなくでも、手と表情だけでも挨拶になります。「もし、元気のない（調子の悪そうな）同僚がいたら声を掛ける」ことも、挨拶の先にある欠かせない対応で、挨拶の延長線上にあります。

(13)　会議・会合

事業場や職場の会議・会合は、「安全のことから始め、安全のことで終わる」ようになっているでしょうか。特に、第一線の従業員のマネジメントに関連する会議・会合（例えば、工場幹部朝会、課

内生産会議など）では、そのトップの関心がどこにあるのかを、出席者は敏感に感じます。形式として冒頭に安全のことを取り上げるのではなく、事業場トップの関心事を反映した形で冒頭に取り上げるといいでしょう。全体の進行の都合で、安全状況の確認だけを冒頭で行うという方法もあります。「安全のことで終わる」という意味は、「安全に仕事をしよう」ということを全員で確認する言葉で会議・会合の最後を締めくくりたいということです。もし、このようになっていなければ、事業場トップともよく相談してみてください。

なお、安全衛生管理に直接関係のない会議・会合（例えば、経営会議、業績検討会議など）でも、このような考え方を取り入れることも可能です。日頃安全管理に直接関係のない従業員や管理者の安全に対する意識を高めることに繋がります。

(14) 安全衛生職場交流

自分と同じ立場にいる人たちが、どのようなことに着目して、どのようにして業務（安全管理、安全活動など）を進めているかを知ることは、とても参考になりますし、刺激にもなります。見学するとか、勉強するという一方向だけでなく、「交流する」というやり方ができるといいでしょう。交流の時だけでなく、個人的な繋がりができて、お互いに支え合う関係が生まれることもあります。

交流の対象は、職場の管理監督者はもちろん、第一線の従業員を対象とすることも考えられます。安全衛生管理に限らず、自分と同じ立場で業務に取り組んでいる人から学ぶことはたくさんあります。いずれの場合も、交流で得たこと、感じたことを自職場で共有できる仕組みも必要です。

交流内容は、安全衛生部門が企画するのであれば、安全衛生関係を中心にすることになりますが、テーマを限定せずに幅広く交流できれば、結果として各職場の安全衛生水準向上に繋がるでしょう。交流する先は、事業場内の他職場が基本になると思いますが、他事業場まで交流の範囲を広げると、事業場全体の安全衛生水準向上に繋がる面もあります。安全管理者自身も他事業場や他社の安全管理者と交流する機会が持てるようにしてみてはどうでしょう。

⒂　ネーミング（言葉遣い）

　たかが名前と思いがちですが、そこから受ける印象によって、判断や行動が左右されることがあります。身近に感じたり、無関係のことと感じたりという差が生まれることもあります。例えば、「危険予知訓練」ではなく「危険予測訓練」だったらどうでしょう。「メンタルヘルス」ではなく「精神健康」とか「心の健康」あるいは「こころの健康」ではどうでしょうか。特に、従業員に直接関係する活動などの名称では工夫が必要でしょう。ネーミングが商品の売れ行きを左右することなどをテーマにしたビジネス本がいろいろと出版されています。ネーミングが消費者の消費行動を左右することを解説した本です。安全衛生活動に置き換えると、従業員の安全衛生活動に取り組む意識（受け止め方）を左右するということです。

　また、安全管理に関連して「普通」は使わない言葉遣いを見かけることがあります。「しつけ」「資質」「指摘」などの言葉は、使い方を誤ると職場の一体感を損ねたり、従業員を気持ちを傷付けたりすることがありますので注意が必要です。一方、前向きな気持を引き出す言葉遣いもあります。

2. 職場安全管理の企画

　安全衛生管理に必要な対応は、事業場（会社）として実施する場合と、個々の職場ごとにその課題に合わせて実施する場合があります。前者の場合も、日常的な対応については各職場が実施することがたくさんあります。この章では、職場が日々の安全衛生管理を確実に行うとともに、職場の安全衛生活動を活性化させ、実効が上がるようにするための工夫について考えてみます。

(1)　職場で行う安全衛生管理

　設備・機器や保護具などの作業開始前の点検や、作業基準書の整備、異常時の基本的対応など各職場で共通した基準で管理すべきことについては、それぞれ実施方法を含めて、わかりやすく整理して提示し、実施状況を随時確認することが必要となります。こうしたことを事業場規程などの文書にしておくことが大切です。

(2)　事業場全体で行う職場活動

ア．企画のタイミング
　安全活動に取り組む必要性に関する認識を共有できるタイミングで企画を提示することが欠かせません。いろいろなタイミングが考えられますが、唐突に始めると、定着するまでに時間が掛かる可能性が高くなります。

イ．検討組織

　安全衛生部門だけで、企画するのではなく、各職場の代表等を含めた検討組織を立ち上げて、企画を練り上げていくと職場に定着しやすいでしょう。職場の実態を踏まえた活動になりますし、各職場が最初から同じ方向を向いた状態で活動がスタートでき、さらに検討組織のメンバーが職場でのリーダーとなり意図した方向での定着が図れます。

　事務局となる安全衛生部門は、課題のみを明らかにして、メンバーの自由な意見交換から必要な方向を決め、具体化していく方法もありますし、事務局から原案を提示して検討を開始する方法もあるでしょう。いずれにしろ、形式的な検討ではなく、メンバーが主体的に検討を進めるように検討組織を運営することが大切です。

　活動の実施までには、試行が欠かせません。実際に実施してみて、より実効性の上がる方法を見極めることも大切です。また、安全衛生活動のような施策には、見直しが付き物だと考えておきましょう。一度決めたらやり切るという考え方もありますが、見直しを重ねながら最適化を図っていく方がよいことも多いでしょう。

　施策検討、実施要領・テキスト作成、試行説明、試行（だれが、どの部門が）、試行結果集約、実施要領・テキスト修正、実施説明、実施、フォロー（実効性の確認）、フォロー継続、見直しが主なステップで、節目節目で安全衛生委員会などに諮ったり、事業場トップに報告したり指示を仰いだりして進めることになります。

ウ．自由度とコミュニケーション

　全職場一律に実施する安全衛生活動では、取り組み方の細部や取り組んだ成果の活かし方などに、各職場（管理監督者）が工夫できる余地を持たせる（主体性・自由度を持たせる）ように企画できる

といいと思います。このような配慮が、職場の積極性を引き出すことになります。

　また、職場内のコミュニケーションを促す仕組みも織り込んでおくと、活動の成果に広がりが出るでしょう。職場内で声を掛け合ったり、職場ミーティングなどで意見を出し合ったりして推進できると、職場内でお互いの安全を確保しようという意識を高めることにつながります。一人作業が増える中で、顔を見ながらコミュニケーションをとることがむずかしいこともありますが、さまざまな情報通信手段を活用することも考えられます。いずれにしろ、職場の一体感を醸成する工夫を織り込んでおくと、企画した施策の直接的な効果以上の効果に繋がることが期待できます。

(3)　管理監督者を支える

　日常の職場の安全衛生管理のキーマンは職場の管理監督者です。安全衛生施策を進める時には、キーマンである管理監督者を引き立てる運用も必要です。業務のマネジメントが、縦型から横型（フラット）に移行している職場が増えてきたり、一人作業が増えてきている中で、安全衛生管理については職場で一体感を持って、従業員同士が支えながら徹底していくことが必要な面があります。安全衛生管理に限りませんが、管理監督者がその存在感を示し、リーダーシップを発揮しやすくする工夫も必要でしょう。

　安全衛生活動に限らず、安全衛生に関する情報でも、伝え方を工夫することで管理監督者の存在感を高めることができます。情報通信手段や掲示を使って従業員に直接伝える方法が良い場合もありますが、管理監督者を通して伝えた方がよい場合も少なくありません。タイムラグを持たせて、管理監督者に先に情報を伝達する方法も考

えられます。職場ミーティングでの「ネタ」を管理監督者に提供するといった目的で提供する情報もあります。ただし、このような伝達方法を取ったために、全従業員に伝えたいことが管理監督者のところで止まってしまうようなことがないように注意することも必要です。

(4) 表彰や認定

　取り組んでいることを評価されると、前向きな気持ちになります。事業場として職場の安全衛生活動を促すためにも、評価の仕組み（評価する機会）が必要でしょう。評価方法として、よく表彰制度が設けられています。活動に対する表彰ではありませんが、無災害実績に応じた表彰もよく行われています。「過去」に対する評価になります。いずれの表彰の場合でも、表彰基準のハードルが高過ぎても低過ぎても目標になりにくく、安全衛生活動の活性化には結び付けにくい面があります。将来に向かってさらに良い状態を作っていこうという意欲を引き出して、職場活動のステップアップを誘導するような表彰制度にしたいものです。

　職場安全衛生活動を促進するための認定制度（安全衛生優良職場認定など）を設けている事業場もあります。特定の項目（例えば、整理整頓）に絞った制度もあるでしょう。認定は、客観的な基準によることが基本で、主観的な評価によると反感を招くことになりかねない点に注意してください。また、認定で職場活動が終了するわけではありませんので、認定後もモチベーションを維持できる工夫が必要になります。

　なお、表彰（式）のスタイルは昔ながらの緊張感のある進行の下で行われることが多いと思いますが、他にもっと良い方法があるか

もしれません。実際の表彰などの表舞台には職場活動のリーダー（管理監督者など）が立つことになるとしても、職場の全従業委員が評価されていることを実感できる（分かち合える）ようにすることが欠かせません。

(5)　関心を示す

Ⅱ編－2－(5)でも触れましたが、職場活動を促進するための簡単な方法は、事業場のトップや幹部（経理担当など直接に安全衛生管理に関わっていない職制でも構わない）、安全衛生管理の責任者などが、各職場に出向いてその職場の安全活動に関心を示し、関係者から直接話を聞くことでしょう。

(6)　発表

職場安全衛生活動の発表会を開催している事業場（会社）もあります。全職場から発表する場合もありますが、代表が発表することも多いでしょう。代表に選ばれることがその職場の安全衛生活動を促進させることに繋がったり、効果的な取り組みを事業場内に広めることを期待している場合は、期待どおりになっているのかをよく確認するようにしてください。また、発表目的の活動であったり、関心があるのは発表関係者だけといったことにならように気を付けることも大切です。発表がさらなる向上への契機になるように、主催部門がフォローすることも必要です。

⑺　予算と人材

　職場活動を進めるためには、予算がいることもあります。安全衛生活動費のような費目を設けたり、時間外労働についての予算が要る場合もあるでしょう。事業場として実施する安全衛生管理のための予算が必要なことは言うまでもありません。

　職場活動をリードする人材の育成は、事業場の教育体系の中に織り込むことができるといいでしょう。職場活動の進め方について気軽に相談できる窓口を決めておいた方がいいケースもあります。

　職場活動については、それぞれの職場や業務によって取り組める内容も違います。職場の状態に合った取り組みを見極めて、職場の安全衛生水準を高めていく仕掛けを事業場として考えてみてください。

3. 災害が起きる時

　行動起因の災害は滅多に起きないことに対して対策を取るというむずかしさがあると思います。多くの従業員が「大丈夫」と考えていることに対して注意を払うことになります。

　安全管理者として、職場や作業を見る時の参考として、過去の災害事例の教訓がとても役に立ちます。この章では、「こんなことでも災害に結び付くのか」と感じた災害事例などを紹介します。脚色している内容もありますし、使っている用語が正確でない（一般的に使われていない表現の）場合もありますが、できるだけわかりやすく、みなさんの気付きに結び付くことを念頭に書いているということで了解いただきたいと思います。

　また、紹介している内容は、災害に結び付く主要な要因とか、発生頻度が高い災害を取り上げる訳ではありませんので注意してください。安全装置などの安全対策が充実したり、設備・機器そのものの性能が向上することによって安全性が高まってきていますので、現在ではほとんど災害の可能性がないことも含まれています。個々の事例から、幅広く教訓を得てもらえたらと思います。なお、労働衛生上の問題（職業性疾病／急性中毒など）についてはここではほとんど取り上げていませんので、この本のシリーズである「衛生管理者の仕事」（中災防）などで確認してください。厚生労働省の「職場のあんぜんサイト『労働災害事例』」にたくさんの事例が掲載されており、キーワードで検索もできますので、こちらも参考にしてください。中災防から毎年発行される「安全の指標」にも災害事例が掲載されています。

(1)　災害事例の考え方

　災害事例の大半は、法令で規定されている事項を順守できていれば発生しないということも事実です。法令は精緻に整備されていますので、規定されていることが事業場の設備や作業で実行されているか、実行できる状態にあるのか、それを担保する体制などがあるのか、などについて安全管理者として確認してください。状況は変化しますので、「大丈夫」と簡単に結論付けたり、一回の確認で安心したりしないという姿勢も大切です。

　災害事例を見て気になることがあれば、関係職場の管理監督者や従業員から説明を受けたり、疑問があれば質問したりすることで、安全な業務に結び付けてください。もちろん、必要だと思えば、調査したり、自分で直接確認したりしてください。

(2)　工具・用具に関わる災害

・道具、文房具

　カッターナイフは、切れますし、刺さります。ある製品の表面の付着物を、カッターナイフでそぎ落とすために、力を入れてカッターナイフを手前に引いた時にカッターナイフが滑って太腿に刺さるといった災害があります。動脈が切れて多量の出血に繋がった事例もあります。力を入れて使う、それも自分の身体がある方にひく時や近くに同僚がいる時は、このようなことになる可能性があります。

・手工具

　手工具は、力のモーメントの原理（てこの原理を含めて）を利用していて、作用点は硬い（鋼が多い）ものが大半です。手工具は、

人間の力を利用していますが、その力を何倍にも増幅し、かつ人間よりもはるかに頑丈だからこそ、便利に使用することになります。簡単に誰でも使えるために、安易な使い方をされることがあります。正しい使い方（工具の原理を最大限に活かしながら安全に使う方法）ができるような指導や教育が必要です。前項の道具も同じです。特に新入社員は、手工具の使用経験がまったくない人もいます。工具に力を入れた時に飛んでしまったり（ハンマー（ヘッド）などが）、落としてしまい、工具を使う本人以外の人にケガをさせてしまうこともあります。大ハンマーなどは重篤な災害に繋がるおそれもあります。

　工事などで施工者が使用する（持ち込む）工具類（手工具に限らず）や保護具について、元請会社が整備された適切なものかどうかを確認する制度を設けて、工具類などによる事故や災害を防ぐという制度が設けられていることがあります。

・バール

　手工具の中でバール（鉄棒、鉄パイプを含めて）は、てこの原理を最大限に活かした工具で、鉄棒などは手工具の中でももっとも重いものの一つです。バールを使う対象そのものが、重量物であったり、堅固であったりします。バールが跳ねたり、動かしていた物の反動で顔などに当たる、バールが抜けたり、空振りして転倒したり挟まれたりするなど、バールが長くて硬く重たいためにケガに結び付くことがあります。

・動力工具など

　日常的に使わない電動工具などは、整備がおろそかになりがちです。職場にどのような物があるか確認しておきましょう。安全のた

めのカバーが外れていたり、壊れていたりしても、使う必要が生じた時には、整備しないままに使ってしまうことになりがちです。

・チェーンブロック、ジャッキ

チェーンブロックを定格の能力以上の荷重を掛けて使っていてフックが開いてはずれるなどで、フックやチェーンが跳ねて人に当たるという災害があります。工具として使うジャッキが真っ直ぐに当たっていなかったために、ジャッキアップした時にジャッキが外れて飛んで人に当たるという災害もあります。ジャッキを二段重ねにして使って外れて災害になったという事例も聞いたことがあります。力を加えて使うこれらの工具は、所定の能力の範囲で、正しく使うことが必要です。油圧を介したり、滑車の原理を利用したりして蓄積した人の力などが一気に解放されて、人に返ってくる災害と言うこともできるでしょう。

・電動グラインダー

グラインダーに限りませんが、スイッチを入れたまま（「on」にしたまま）プラグを抜いた場合、次にプラグを差し込む（動力が供給される）と動き出す（グラインダーでは回転を始める）ことになります。回転する力等で工具が暴れ出したり、予想していない動きをして、グラインダーが身体に当たることがあります。電源を切った状態でスイッチを入れてしまうと同じことが起きる可能性があります。

・アーク溶接機（手溶接）

交流アーク溶接機については、自動電撃防止装置等の安全対策が施され、使用前点検も法令で義務付けられています。自動電撃防止

装置については、型式検定が必要で、技術上の指針（公示）では6月以内ごとに1回の定期点検が必要とされています。交流アーク溶接機は移動させて使うことも多く、使用環境もさまざまで、整備をしておかないと事故や災害の原因になります。結線の不良、ゴム等の絶縁部分の劣化や損傷があると感電などの原因になります。使用前・使用後に点検することが大切です。

　また、溶接機の2次側帰線ケーブルは、被溶接材（母材）の溶接点の近くに接続しなければ、迷走電流となって（電流が遠回りして流れて）、思わぬところで感電事故や発火源となることがあります。溶接をしている従業員を見かけたらどこに帰線ケーブルを接続しているか（クランプなどをどこに取り付けているか）を確認してみてください。

・ガス溶接（溶断）

　法令で安全基準が決まっていますし、作業を行うためには技能講習修了などが必要です。逆火は、大きな事故や災害に繋がりかねませんが、逆火防止は、作業手順や機材（吹管など）の整備などの人に依存して行う面もあります。燃料ガス側と支燃ガス側（酸素側）の逆火防止対策を考えておく必要があります。

(3) 設備に関わる災害

・低速稼働設備

　低速稼働設備の危険は、安全のむずかしさを象徴しています。「危険を感じない」「いつもは大丈夫」ですが、災害に結び付くことがあります。高速で動く機械は見るからに危険で、低速で動く機械の方が挟まれたり巻き込まれたりしやすいとも言われています。対策

として「ゆっくり動いている物こそ危険だから気を付けよう」と言っても、見た目が安全であれば、意識面だけの対応で安全確保しようとしてもむずかしいでしょう。機械安全の考え方に沿った対策が必要です。

・バルブ

　バルブの開閉の多くは、人の力で行います。一気に閉めたり、開けたりするとバルブの破損につながります。蒸気のバルブなどは一気に開けると、ウォーターハンマー現象を引き起こして、設備の破損に繋がることもあります。補修などで空気置換をした後に通気する場合は、漏えいや可燃性ガスが爆発範囲に入っての事故、粉体の関係では粉じん爆発などが起きることもあります。このようなバルブは、操作が簡単なだけに、安易な取り扱いをしないように教育をするとともに、現地でのわかりやすい注意喚起の表示や標識も必要です。バルブだけでは、内容物を完全に閉止できない（漏れがある）ことがあります。二重に閉止するとか、遮断板を使うことが必要なこともあります。

　また、バルブは、配管の突起物にもなり、破損しやすい構造の場合も多くありますので、この点も気を付ける必要があります。バルブを取っ手代わりに掴んで、バルブが付け根から折れて転落したなどという事例もあります。

　バルブの設置箇所は、配管の経路にありますので、意外に操作しにくい場所や高所にあったりします。操作時の安全のことも確認しておいてください。

・配管の接続

接続を誤ると危険な導管（ゴム管など）は、色分けなどをしておくことが望まれます。電気配線などの誤接続防止に電線被覆の色を変えておくのと同じです。配管継手（カチットなど）の形状を変えておくという方法もあります。

・腐食・劣化

鉄鋼部材の腐食、合成樹脂などの劣化など、時間と共に強度が落ちていく（安全性が損なわれていく）物があります。特に床面など荷重が掛かるところは注意が必要です。「昨日まで大丈夫だった」は判断基準になりません。腐食程度について根拠のある基準を制定して管理できることが理想的ですが、ギリギリまで使い続けるのではなく、早め早めの補強や更新を進めるようにしておいてください。重篤な災害に結び付くおそれがあることを忘れないようにして、事業場として管理基準を作っておくことが望まれます。

・ホッパー・貯留槽

ホッパーや貯留槽など粉体や粒体の原材料や製品を貯蔵し、切り出しをする設備は、内部の清掃をしたり、切り出し部が詰まるとか傾斜部に内容物が付着して固まるとかのトラブル処理をしたりということが、必ずと言っていいほどあります。万が一、人が中に落ちると、内容物の中に埋まってしまったり（落ちた人が動くとどんどん沈んでいく）、埋まった部分に内容物の圧力が加わって血流等が阻害されることもあります。また、詰まったり固着した内容物を除去するために、下部の点検口等から内部を確認したり、バールや高圧水を使って措置したりということがありますが、この作業では、上部の付着物が落ちてきて直接当たったり、または使っていた道具

が跳ねてケガをすることがあります。さらに内容物が酸化性の物であれば、粉じん爆発が起きる可能性もあります。このような作業は、ケガのリスクが高い作業だと認識して対策を実施することが必要です。

・ベルトコンベア

　コンベアに巻き込まれる災害は少なくありません。機械安全の考え方に基づいた対策が不可欠です。コンベアローラーに何か付着したり、搬送物がこぼれて堆積していたりした場合にコンベアを止めずに作業をして巻き込まれるケースもあります。また、コンベア下方や周辺を清掃していて、清掃用具が巻き込まれて災害になることもあります。箒の柄がコンベアを囲っているフェンスの隙間に入って引き込まれてしまうなどという事例もあります。

・回転体

　加工作業に回転体（圧延などに用いる）は付き物です。回転体への巻き込まれの災害はなかなか無くなりません。回転体に巻き込まれると危険なことは誰でも知っています。トラブル（回転体にゴミが付着したなど）があった時の災害が多いようです。被災した人は、巻き込まれるかもしれないと思って作業しているのではなく、「うまく処理できる」と考えるからこそ、災害に結び付くような作業をしてしまいます。われわれの日常の生活の中でも、例えば、食品を電子レンジで加熱した時に、お皿が熱くなっているのに手で持って「アツッ！」と感じたことはありませんか。わかっているのにやってしまいます。また、回転体による災害は一人作業の時が大半です。一人でいると「うまく処理できる」という判断になりがちです。

　回転体の安全対策は、基本的には回転が止まるまでカバーを外せ

ない、近付けないというようにすることです。安全マットやライトカーテンなどの安全装置を活かした対策（安全距離を確保する対策）も可能なはずです。

　回転体を回転させながらゴミなどを除去しなければならない時は、柄の付いた治具などを用いる必要がありますが、治具が巻き込まれた時に巻き込まれた部分が切れる（ちぎれる）ようにしておくことなどの工夫もしておきたいものです。巻き込まれた治具を引っ張り出そうとして柄を持った手が引き込まれてしまいます。このような時は「手を放せ」と言って指導しておいても、実際には簡単に手を放すことは無理です。

　なお、治具を使うことがもっとも効率的にゴミなどを除去できるということになっていなければ、必ず使うということになりません。安全対策用具は、使いやすく、使った方が効率がいいものでなければ、使用の徹底はむずかしいと考えておいてください。

・Vベルトとプーリー

　プーリー間の回転を伝達するベルトとしてVベルトが使われることがあります。モーターなどの回転力を伝達する時に使われ（ローラーチェーンと同じ役割）、複数のベルトが並列して用いられることもあります。作動中は巻き込まれるおそれがあり、通常はカバーが取り付けられています。Vベルトは時間の経過と共に伸びて弛みが出てくると滑りが生じるために、交換することが必要になります。モーターなどを停止させ、カバーを外して交換することになるのですが、完全に停止していない時に手を出してしまい巻き込まれることがあります。Vベルトに限らず、回転しているものも、完全に停止していることを確認しなければ危険です。あまりにわかりきったことなのですが、停止しているものと思い込んでしまって、災害が

発生している例もあります。部品交換などで接触するおそれのある
回転体（プーリーなど）には、可能であれば、回転していることが
一目でわかるマークを付けるなどの工夫も必要でしょう。完全に停
止するまでカバーが外せないようにすることが理想ですが、すべて
のカバーにこのような対策を実施することはむずかしいだろうと思
います。

・工作機械等

　工作機械、木材加工用機械、食品加工機械、プレス機械などの機
械類は、法令（労働安全衛生規則安全基準など）で、安全上必要な
ことが規定されています。事例研究的に、法令を片手に必要な対策
ができているか、一つずつ一度確認してみてください。気付きがあ
ると思います。このような確認は、手間が掛かりますが、職場の安
全管理について考える貴重な機会になります。

・仮設足場

　足場に関係する災害は少なくありません。仮設足場に起因する災
害は、足場を組み立てたり解体したりする時の災害、足場が倒壊す
るために起きる災害、足場から転落する災害、足場上から物を落下
させることによる災害、足場（踏み板や昇降設備）上や足場から地
上や建物などに移動する時の災害などがあります。建設工事だけで
なく、補修工事などでも事業場内に設置されることがあります。災
防団体や「仮設」に関係する団体の資料などで、課題について確認
してみてください。事業場内に仮設足場が組まれた時は、施工者の
案内で一度足場を上がってみると気付くことも多いと思います。た
だし、安全には十分注意してください。

　筆者の印象では、工事などが終わって足場を解体する時の災害が

多いように思います。足場の解体に限らず、作業の片付けなど、仕事が一段落して緊張感が途切れた時に、災害が起きやすいということかもしれません。

・クレーン

　天井クレーン本体に関わる災害では、点検時の転落やワイヤ交換時の災害、点検デッキでの挟まれなどがあります。天井クレーンは、上部にあるために目が行き届かない上、点検などの状態は目にする機会が少ないのではないでしょうか。

　天井クレーンと建物の柱や梁、点検デッキとの隙間に挟まる可能性のある場所はないでしょうか。クレーンは移動する機械ですが、生産などで使う機械などと違う感覚で、人が至近距離に近付くことがあります。門型クレーンでも同じです。門型クレーンの場合、屋外などで比較的広い敷地に設置してあることがあり、危険を感じないことがあるかもしれませんが、大丈夫でしょうか。

・昇降タラップ

　垂直昇降タラップは危険です。まず要否をよく判断して、不要なものは撤去しましょう。稀にしか使う可能性が無いのであれば、その都度、高所作業車や移動式足場（ローリングタワー）などを手配して使うという方法もあります。垂直昇降タラップの固定部が外れて、タラップと一緒に倒れて災害になったという事例もあります。タラップの踏みさんが腐食で外れるという可能性もあります。異常時の緊急対応をする場所に行くために昇降タラップを利用しなければならないようになっているのであれば、安全な場所で対応できるようにすることが望まれます。異常時は、対応する従業員の気持ちもあせっていますので、平時以上に危険です。また、頻繁に昇降し

なければならない場所の垂直昇降タラップは、階段などに変更したいものです。上部にあるバルブやメーターを地上で操作したり、確認できるようにすることも考えられます。

なお、安全ブロックやロリップを使って、踏み外しによる転落を防ぐという取り組みをしている事業場も増えてきています。

・消火・消防関連設備

必要な設備やその管理については消防法などで決められていますが、いざという時に機能する（役に立つ）ことが大切です。防火扉の前や防火シャッターの下に物が置かれていて、火災の時に役に立たなかったなどということが、ニュースで報道されています。

古くなった消火器を廃棄するために消火剤を使い切ろうと噴霧させたところ、腐食していた底が抜けてロケット弾のように飛んだ消火器が当たってケガをしたという事例があります。労働災害ではありませんが、死亡に至ったという事故が新聞に掲載されていたこともあります。

・圧力容器・高圧ガスなど

労働安全衛生関係や高圧ガス関係の法令に規定があります。異常な反応や加熱などによって、圧力に耐えられなくなって爆発することなどによる災害が見られます。厚生労働省、ボイラー協会や高圧ガス保安協会などのホームページなどに安全管理上必要な情報や事故事例が掲載されています。

高圧ガスボンベは工事などでも使われますが、丁寧に扱わなければバルブの部分が破損してボンベが飛んで事故になるなどといったケースもあります。時々屋外に放置されているボンベを見かけることがありますが、内圧が高くなり安全弁が作動したりする可能性が

あります。また、使わなくなったボンベは、事業場内で処理したり、放置したりせず専門の業者に引き取ってもらってください。

⑷　安全対策・保護具に関わる災害

・柵・フェンス

　機械設備を囲った柵やフェンスは乗り越えてもいいでしょうか。乗り越えることを前提にした柵やフェンスはないはずですが、現実には、急ぐ用件（内側の設備トラブル等）などがあれば、乗り越えることが可能な（足を掛けて乗り越えられる）柵やフェンスは、乗り越えるものだと考えておきましょう。乗り越えると重篤な災害に結び付くようなところは、足先が掛けられず一定の高さの（乗り越えられない）フェンスにする必要があります。機械設備の周囲を安全のために囲っているフェンスは、出入口を機械設備が停止しないと開かないようにするなど、機械安全の考え方に沿った対策の検討が必要です。「乗り越えるな！」「足を掛けるな！」の看板（標示）

写真Ⅲ－1　安全柵に記載された注意事項（イギリス）

の効果は、安全を保証することにはなりません。

　工事などで使用する（開口部の回りなどに設置する）仮設の柵などは、しっかりと固定されていなければ、表示の役割しか果たさないと考えておいた方がいいでしょう。

・安全カバー

　安全カバー（覆い）は、回転体などに巻き込まれたり、挟まれたりするおそれがあるところに使われています。

　網目状のカバー（送風器のファンカバーなど）は、破れが見られることがあります。カバーに手を掛けた時に指が入って切ってしまいます。意識して手を入れるのではなく、何気なく手を掛けた時に指が中に入るということです。

　混練機の底部に手を掛けて、ギアに巻き込まれたという事例もあります。危険な場所が見えないところにあると災害に結び付きやすい面があります。

　カバーなどをするだけでなく、安全距離が確保できているようにしなければなりません。新しい機械はさまざまな面での安全対策が採りいれられていることが多いですが、長く使っているものについては、使用する側で安全対策の機能があり、維持されているか（外れたり、壊れたりしていないか）をよく確認することが欠かせません。

・安全帯

　墜落災害があると「安全帯を使っていなかった」といった原因が挙げられることがあります。なぜ、安全帯を使わないのでしょうか。答えは「落ちると思っていないから」だといったら的外れでしょうか。もう一つは、今まで落ちたことがないからということでしょう。

安全帯に限りませんが、本人が「自分は大丈夫」と思っている（おそらく、その都度「自分は大丈夫」と確認することはないですが）ことが多いものです。私自身も日常生活の中でこれに類することをしていることがありますが、あなたはどうですか。

　安全帯を使う習慣が身に付けば、自然と抵抗なく使用できるようになるのだとも思います。繰り返して声を掛け、習慣化されるようにしましょう。安全帯を使う必要のある作業では、作業者に安全帯の使用について監督者（あるいは同僚）が必ず確認することも必要です。

　ロッククライミングなどでも使用するカラビナ類はホームセンターでも売っています。ただし、転落防止用具として、衝撃荷重に耐えられるものから、単なる便利グッズのようなものまであります。カラビナの口も斜めの力で簡単に開いてしまうものもあります。見かけは似ていても、用途が違います。カラビナを安全帯の接続用具や工具を腰のベルトに吊り下げるために使っている人を見かけますが、見かけだけでは安全性は判断できません。カラビナ以外の金具類でもこのようなことがあるかもしれません。

・ワイヤクリップ、Iボルト（アイボルト）、シャックルなど

　これらの物は、それぞれ目的に応じた材質・強度の物を使う必要がありますし、使い方を誤ると破損したりします。材質・強度は見かけだけでは判断できないことを知っておきましょう。

　ワイヤクリップでは、材質・強度の問題以外に、クリップを掛ける向きの問題もあります。ワイヤの端を折り返して、クリップで留めていても、留め方が間違っていると荷重がかかった時に抜けてしまうことがあります。Iボルトやシャックルも含めて、力を掛ける方向によって、耐えられる荷重が変わります。

・保護手袋

　防熱手袋、切創防止用手袋や化学防護手袋など、用途に合わせて選択して使う必要があります。性能（材質）も良くなってきていますので、作業に合わせた物を選択してください。選択する時は、使い勝手をよく確かめることや、傷んだ（劣化した）場合の更新などにも注意が必要です。手袋を使うと危険な場合（ボール盤の作業など）もあります。

・保護めがね

　ハンマーを使った時に、ヘッドの金属のカエリが飛んで目に入る、塗料（有機溶剤）が目に入る、生石灰が目に入る、アンモニアが目に入る、…。視力の低下の可能性もあります。化学物質の場合は、時間の経過と共に悪化していくこともあります。目を防護する（目に入る物が飛び散らないようにする、保護めがねを使用する）ことが第一で、万が一目に入った時には、（化学物質の場合は）洗眼するとともに速やかに眼科を受診することが欠かせません。

　保護めがねは、キズが付いたりして透明度が落ちることがありますので、見えにくいものをいつまでも大切に（？）使うということがないようにしてください。

・安全装置

　機械安全に関する教育でもよく事例が取り上げられますが、安全装置が無効化（意図的）されたり故障によって機能が発揮されない状態になっていることがあります。現在では無効化できない、故障したら機械そのものが動かないというシステムにすることが求められています。無効化される理由の多くは、危険な場所に入らなければならない作業が頻繁にあるということを示しており、無効化とい

う問題だけでなく、トラブルなどが多いといった機械の側に誘引があると考えた方がいいかもしれません。無効化の代表例としては、扉のリミットスイッチの番線などによる固定、光センサーの方向変更、両手スイッチへの細工（片手スイッチ化）などがあります。このような無効化をしないように職場を指導するとともに、無効化できない安全装置に変更していくことが必要です。機械設備のトラブル対策などを並行して実施することが必要な場合もありますが、トラブルが減ることは、業務の効率が上がることも意味します。

(5)　補給・清掃に関わる災害

・ピットの中

　汚泥や製品屑などをピットの中に溜め込むことがよくあります。ピットの中の物の移動や、ピット内の清掃など、空間が狭く足場が悪い場所で行うことになっていないでしょうか。

・貯蔵タンクなどへのタンクローリーなどからの移送

　タンクローリーなどから固定のタンクへ搬送してきた液体などをフレキシブルのホースを使って入れる時の災害もあります。ホースを固定タンクにはめ込む時の固定が不十分なために、ホースが外れて作業をしている人に液体などが掛かり被災することがあります。ホースを取り外した時にホース内に残っていた液体に触れて災害になることもあります。危険物や有害物は災害に結び付くだけでなく、漏えいしたものが拡散して大きな事故に繋がるおそれもあるでしょう。

　このような作業は、教育を受けたタンクローリーの運転手が行うことが多いはずですが、固定タンクの受け入れ口の位置などが適切

か（脱着の仕事が安全にできるか）確認しておいてください。

・給脂

　機械設備に潤滑油などを補給する作業があります。このような作業は、機械設備を利用して行う主要な作業ではなく、頻度が少ないこともあり、給脂する場所（給脂口）が危険な場所（高所、機械設備の間、滑りやすい場所など）にあったり、不自然な姿勢で行わなければならない位置（床面近く、作業服が汚れやすい場所など）にあったりします。給脂作業に限らず、付帯的で頻度の少ない作業が安全に行うことができるのか確認しておきましょう。

(6)　運搬に関わる災害

・玉掛け作業

　吊り荷が落下することがありますが、そのほか、吊り荷が振れて設備等（手すり等）との間に挟まれる（振れた荷を手で押し戻そうとして挟まれることもある）、吊り荷が他の物に当たったり引っ掛かったりして置いてある物が崩れるなどという災害が考えられます。キチンとした玉掛けをすることと、退避が欠かせません。吊り荷を吊っているクレーンなどの動力と人間の力は比べようもありません。なお、重量物なのだから、「手で支えるような危険なことはするな！」などという指導だけでは、咄嗟の行動を変えることはできません。退避の指導とともに、狭隘な場所などでは、安全に退避できる場所を確保して、明確にすることが必要です。

　無線クレーンを使っている時に、クレーンのレバーに作業服が引っ掛かってクレーンが動いて、吊り荷が当たるなどという災害もあります。クレーンの操作、玉掛け作業は、一つひとつの動作にメ

リハリを付けることも必要ですが、身に付けるためには訓練を繰り返すことが欠かせないと思います。

・エッジ

　薄い鉄板など（金属などの板）の端は刃物（包丁）と同じです。鋸刃のような状態のものもあります。鉄板でなくても、紙で手を切ったことのある人もいると思います。紙では浅い傷で済みますが、鉄板などの硬いものではそうはいきません。手で取り扱う時は、切創防止用の手袋が欠かせません。革の手袋や軍手は切創防止に有用ではありません。また、手首が露出していると手首の血管を切る可能性もありますので防護が必要です。滑らせないように持てば大丈夫だという考えもありますが、滑らないことを保障できませんし、持ったまま躓いたり転んだり、何かにぶつかる（軽くぶつかる）といったこともあります。鋼材などの切削屑の取り扱いも同様に注意が必要です。

・運搬容器

　運搬容器（コンテナなど）からはみ出した物は、運搬時に落ちたり、他の物に当たったりすると考えましょう。また、運搬容器そのもの（吊り上げる部分を含めて）が腐食したり、変形したりして、危険な状態になっていることはないでしょうか。

・手押し台車

　誰でも簡単に使うことができるだけに、災害に結び付きやすいのだと思います。荷物の乗った台車を制御しきれなかったり、台車を動かすことによって荷物のバランスが崩れたりして、さまざまなタイプの災害が起きます。台車が物、設備、人にぶつかることによる

こともあります。

・トラロープ

　トラロープと呼ばれているロープがあり、黒色と黄色で編んだナイロン製などのロープです。この色のために「虎」と名付けられているようです。区画を示したりするために用いられます。このロープの強度は強くありませんので、物を吊り上げたり、転落防止に使うと危険です。このようなことはよく知られていますが、手近にあるためか危険な使い方がされているところを見かけることがあります。

・吊り具

　玉掛け作業などで用いるワイヤロープや繊維スリング、フック、Iボルト（アイボルト）、Uボルト（ユーボルト）などさまざまな吊り具があります。これらの物は点検が重要です。事業場として点検制度を明確にして、確実に点検を実施するようにしてください。ワイヤロープなどは点検月などがわかるように、点検した月ごとに色の違うビニールテープを巻いている事業場もあります。

・吊りクランプ

　クランプで板などを挟み、クレーンなどで吊り上げることがあります。クランプから板などが滑り落ちて（抜け落ちて）災害に結び付くことがあります。クランプで挟む位置や力の掛かる方向の問題もありますし、吊り上げる物の材質や状態（鉄、FRP、塩ビ、ガラス、コーティング、…）によって滑り落ちやすいこともあります。仕様に合った使い方が必要ですし、使用する時は玉掛け作業時の大原則の「退避を徹底する＝吊り荷から離れる」ことが欠かせません。

・ガラス容器など

　割れない（割れにくい）ガラスもありますが、職場で使うガラス製品の多くは割れます。そして、ガラスが利用されている容器など（試薬びん、分析器具など）の内容物は、危険物や有害物だったりすることが多いのではないでしょうか。熱くなった（加熱した）状態で取り扱うこともあります。また、多くは手（人力）で持ち運びできる大きさで、落としたり、ぶつけたりすることがあります。日常的に使っていると危険を感じなくなることがあります。リスクに応じた取り扱い方法を決めておいてください。ガラス栓（すり合わせのガラス栓など）が開かないために、大きな力をかけたところ、ガラスが割れたなどという事例もあります。

(7)　車両に関わる災害

・運転席

　大型車両や特殊車両の運転席からの乗り降りの時に、ステップやタラップから足を滑らせて転落する災害があります。運転席は高い位置にありますし、ステップなどに泥などが付着して滑りやすくなっていることもあります。ステップやタラップの耐滑処理をする、日頃から付着物を除去するようにする、手を掛けられる場所を設けるなどのほか、運転者への指導や注意喚起（表示など）も必要です。落ち着いて昇降すれば大丈夫だと考えがちですが、いつも落ち着いて慎重に行動できるとは限りません。

・荷台

　トラックやトレーラーの荷台から転落します。荷の積み下ろしの時が要注意ですが、特にクレーンを使った時に、荷が振れたり、荷

崩れとともにバランスを失うこともあります。また、トラックのあおりに脚が引っ掛かって後ろ向きに頭から転落してしまい、重篤な災害になる可能性もあります。足場を確認して、退避のことも考えながら安全な作業位置での作業を指導することが必要です。地上でできる作業は地上でするとか、作業場所が一定の場所の場合は作業デッキを作ってトラックなどを横付けするなどの対策もあります。

・タンクローリー

　タンクの上部での作業は、足場の悪い高い場所での作業になります。このような作業が一定の場所であれば、フルハーネス型の安全帯を着けて作業ができるようにする、安定して作業ができる足場などを設けるなどのハード面の対策が基本になります。

・移動式クレーン

　アウトリガーをキチンと張り出して使う、安定した地盤の上で使う、荷を振り回すような運転をしないなどは当然のことです。これらのことができていないと、荷と共にクレーン（トラッククレーンなども）が横転したり、傾いたりすることになります。

・フォークリフト

　フォークリフトの災害は少なくありません。運搬する荷物に関わることと、車両の特性に起因することがあります。災害が多い主な理由として、後輪操舵で運転席からは死角があるものが多いこと、自由にどこにでも動かせること、幅広く使われていることと、周辺に人がいる状態で使われることが多いことがあり、結果として、フォークリフトの危険を感じなくなっている（危険に鈍感になってしまう）のではないでしょうか。特に狭い空間でも使用されるため、

人と車両の分離がむずかしく、徹底できないということもあります。

　フォークリフトには、さまざまな種類・定格荷重のものがありますので、それぞれの特性に応じた対策が必要です。人が車輪（後輪）に巻き込まれるおそれがある場所では、人車分離の考え方で対策することが欠かせません。

　フォークリフトにオプションで付けられる安全装置もあります。進化の過程だとは思いますが、可能な対策は取り入れるようにしましょう。

　フォークリフトは、小回りが利くことがあって便利に使えるのですが、車両のどこにキズが付いているかを見ると、普段どのような使われ方をしているか想像が付きます。きれいに塗装しておくことも安全な運転に繋がります。

・車両系荷役運搬機械

　ショベルカーのバケットの近くで作業をしている人を見かけます。接触や巻き込まれの災害があります。安全に作業ができるルール決めて、作業計画に従って指揮者の指揮の下で運転する従業員（加害者になり得る人）と手元作業を行う従業員がルールに従って作業をすることが必要です。

　車両系荷役運搬機械は、傾斜地や地盤のゆるい場所での作業を行うことがあります。事業場の中ではどのようなところで使われているでしょうか。どこまでの傾斜、場所だったら作業を可としているのか確認してみてください。

・暴走

　トラックなどを傾斜のある場所に停車させて運転席を離れた時に、動き出して事故になるケースがあります。動き出したことに気

付いて、動いているトラックなどの運転席に乗り込もうとして重篤な災害になった例もあります。ブレーキをキチンと掛けることや歯止めをするのであれば、キチンとタイヤに押し込んで使用することが必要です。停車する位置を平坦なところに指定することができると一番いいのですが。

・交通安全

大型車両や配送用車両などではドライブレコーダーやデジタルタコグラフを搭載して運行中の状態を記録したり、乗車前の呼気アルコールチェックや体調確認が一般的になってきています。営業用や移動用の乗用車運転などは大丈夫でしょうか。

車の誘導を車の後方でしている人を見かけます。バスの誘導をバスのボディに手を触れながらしているといった事例もあります。誘導する側が安全な場所で誘導することも大切ですが、加害者になりかねない運転手が、誘導者に安全な場所で誘導するように注意することも必要です。

このような車の誘導を日常的に行う従業員がいる場合は、安全な誘導について教育しておくことも必要でしょう。

(8) 場所に関わる災害

・見やすさ

明るければ見やすいとは限りません。見通さなければならないところに障害物があることもあります。明るい運転室の中から、ガラス越しに暗い場所を見ることは困難です。明暗順応の問題もあります。見えやすいことは、安全作業の前提です。職場で作業をする従業員の目線で確かめるとか、従業員に聞いてみるなどによって課題

に気付くこともあります。筆者の印象では、暗い場所での災害が相対的に多いように思います。

・船倉内

　輸送手段として船を使う場合、荷の積み下ろし作業で船倉内に入ることがあると思います。船内荷役作業は、地上での作業以上に災害のリスクが高い場所です。空間が限定されている、荷の積み下ろしと共に船が揺れる、航行中に荷崩れを起こさないように隙間なく荷を積むなど荷の積み方に制約がある、作業従事者の退避できる空間が限られている、積み荷の上に乗って作業をすることがある、積み荷によっては船倉内が酸欠状態になっていることがある、荷の積み下ろしをする岸壁クレーンの運転手から船倉内が直接見えないことがある、船倉内での出入りに垂直タラップを利用するなどの船倉という場所特有の作業環境や制約があります。ハードの面で対策ができればいいですが、船の所有者の協力も要ります。安全な作業には、高い技能も必要で、作業主任者の直接指揮の下に行うことも法令で規定されています。

　なお、船員法などで船員の安全衛生管理について規定されています。

・監視、ガードマン

　工事の監視や道路での誘導を行っている人たち自身の安全については大丈夫でしょうか。

⑼　引力（重力）に関わる災害

・階段

　階段は踏み外すものです。生まれてから一度も階段を踏み外したことのない人はいないのではないでしょうか。特に年齢を重ねてくると、踏み外しやすくなりますし、踏み外した後の咄嗟_{とっさ}の対応が若い時のように機敏にできなくなります。ただし、踏み外しても必ずケガに結び付く訳でもありませんし、階段そのものを無くしてしまうことがむずかしいために、「気を付けよう」という対策になってしまいがちです。使いやすい手すりの設置は最低限の対策として必要ですし、踏み外しにくい寸法の段差・踏面の階段への変更、階段の照明の工夫などが考えられます。ある大手のスーパーでは、踏み面の色を交互に変えて踏み外しを無くそうとしています。階段を下りる時の転落は、最後の1〜2段と最初の1段が多いために、そこに特に着目した対策（色分けなど）をしている事業場もあります。階段では手すりを使うことを事務所も含めて徹底している事業場もあります。

　若い従業員が、寮の階段を飛び下りて、垂れ壁に頭をぶつけて倒れてケガをしたという話を聞いたことがあります。

・はしご・脚立・踏み台

　はしごなどの危険性についてはよく知られているはずですが、災害はなくなりません。災害の原因は、「高く不安定なところに行くから」という表現で集約できそうです。もともと不安定なところで、無理な姿勢で作業をしたり、物を持って上がったりしたら、転落する可能性が高まることは明らかです。安全な作業ができるように工夫された移動足場なども開発されていますので、使用できないか検

討してみてはどうでしょう。また、はしごなどには、使用上の注意事項が貼付されています。その記載事項を作業前に確認することを習慣化しておくとよいだろうと筆者は思っています。古くなって見えなくなっていたら、張り替えることも必要でしょう。

・付着物・堆積物の落下

付着物・堆積物は、上方にあれば、落ちてくる可能性があります。物にもよりますが、固化した粉じんなどは、重量があります。

・高所作業

重力のある地球上で仕事をする限り、高所から落ちればケガをする確率は極めて高くなります。「高所作業中」とか「安全帯着用作業実施中」などの幟や垂れ幕を掲げて、高所で作業する従業員の安全意識を高める取り組みを行っている事業場があります。独自の高所作業者教育受講を高所作業従事の資格としている事業場もあります。

・倒れる

とても大きな物の場合は別ですが、倒れてくる物があると、支えようとしてしまい災害に結び付いてしまいます。「逃げればいいのに」と思いますが、そのようにはなかなか行動できません。基本は倒れないようにすることです。事務所でも、地震などに備えて書棚などの転倒防止の措置が必要なことは言うまでもありません。

・崩れる

粒状・粉状の原材料などを入れたフレコンバッグを使っている事業場があると思います。フレキシブルコンテナバッグがフルネーム

です。空になったフレコンバッグは軽いですが、1トン近い内容物が入っていることがあり、クレーンやフォークリフトなどで運搬します。内容物が入ったフレコンバッグはのように保管されているでしょうか。2段重ね、あるいは3段重ねしていることはありません。キチンと積み重ねれば安定した状態ですが、下のバッグが破れて内容物が出ると上に載っているバッグが傾いて落ちてきます。内容物が出ると上に載っているバッグが傾いて落ちてきます。上から倒れて落ちてくるバッグは重量物です。

2m以上の高さに積むと、はい作業主任者の選任が必要になるから、2m未満の高さに物を積むという考え方の事業場がありますが、法令に規定された数値を根拠に安全か否かの判断をすることは必ずしも適当ではありません。

・転倒・躓（つまず）く

平坦な場所でも躓いて転倒することがあります。一般的には、床面の凹凸や突起物などが原因になります。高所（足場上、屋根上など）での転倒は、大きな災害になることがあるので、障害物を無くすなど、手すりを付けるなどの措置が必要です。高所の転落防止用の手すりは、手すりの高さ、横さん（中さん）の隙間、床面の蹴り止めなども、高所で躓いてバランスを崩した時のことも考えて、高所で躓いてバランスを崩した時のことも考えて、通路を横切る配管・配線などのシート状のカバーの設置が必要です。通路を横切る配管・配線などのシート状のカバーの設置が必要です。通路を横切る配管・配線などが多い（足元注意と書かれていることが多い）がかくれていて引っ掛かることもあります。また、配管・配線に半円状に切断したパイプや台形のカバーが被せられていることがあります。形状によっては、かえって滑ったり、足首に過度の負担が掛かったりします。

・踏み抜く

腐食した鋼鈑の床、スレートの上、（劣化した）FRPや塩化ビニルタンクの上部などを踏み抜いての災害もあります。普段利用しない通路や屋根上などは特に注意が必要です。

・滑る

滑ってケガをするということがあります。作業位置で足元が滑りやすいと、「滑らないようにバランスを取る」ために身体が反応し、結果として、集中力が削がれ、目的とする作業がうまくできずに、災害になることもあります。耐滑用の安全靴も開発されていますので、必要であれば、採用を検討してみてください。ただし、性能に限界があることも知っておきましょう。

滑らないようにするために床面を清掃したり、改善することは大切です。ただし、まったく滑らない（足に力を入れても滑らない）状態も危険です。適度な滑りが必要なことも忘れないようにしましょう。

・落とす

上方の作業で工具や部材などを落とすと、下方にいる人に当たって危険なために落下防止が必要なことは周知のとおりです。機械設備の調整や段取り替え（サイズ替え）、計測などに用いる工具を機械設備の間に落とした時は危険です。機械設備を停止せずに、手を出してしまう可能性があります。

上方のデッキなどに置いてある物は、地震なども想定して、落下しないように固定しておくことが必要です。

⑽　エネルギーに関わる災害

・感電

　感電災害の原因はさまざまです。低圧電気では、検電せずに充電部に触れたり、身体に付けていた金属製品や工具が短絡の原因になったりもします。充電部に触れる（近付く）時は、電源遮断することは当然ですが、誤って触れてしまわないようにする（カバー（不燃性・難燃性のもの）を取り付ける）措置が望ましい場合もあります。

・動く

　大きなエネルギーを持って動いている機械設備が危険なことは言うまでもありません。ストッパーやブレーキなどが外れた時や、力のバランスが崩れて動き出す時は、想定外の動きになり、より危険です。このような可能性のある設備や、保守・点検作業などでこのような状況に置かれることがないか確認しておいてください。メカニカルロック（プレス機では安全ブロック）の使用などが必要です。

・潜在応力

　曲げられた物の内部応力を解放する方向に切断すると、応力が解放されて曲げられた部分が一気に広がってしまうことがあります。解体作業等でも注意が必要です。

・砥石

　整備場などに固定の研削砥石（いわゆる両頭グラインダー、卓上グラインダーなど）が置かれていることがあります。研削盤等は構造規格が決められています。日常的に使用される研削盤は、整備さ

れて、安全な使い方がされているはずですが、めったに使わない研削盤は要注意です。不具合な状態が放置されていたり、誤った使い方（側面使用が禁止されている砥石の側面を使用しているなど）がされていたりしていないでしょうか。砥石が割れて、飛び散るおそれがあります。

・シート掛け

　トラックの荷台、船倉内、屋外の資材・製品が雨に濡れないようにしたり、汚れないようにシート（カバー）が掛けられることがあります。シートは風にあおられたり、柔らかいために思わぬ動きをしたりします。トラック荷台や足場上でのシート掛け作業は、転落のリスクの高い作業です。さらにシートを固定するためにロープ掛けを行う作業も、高い場所での作業を伴うことがあります。安定した足場を設ける、風にあおられないような手順での作業等ができているか確認しておきましょう。

・エレベーター・簡易リフト

　補修作業中に急に動き出して挟まれるとか、業務用小型エレベーターに頭を挟まれるなどの災害がニュースで報道されていることがあります。業務用の小型エレベーターは、倉庫、福祉施設、レストランや旅館でも使われており、操作が簡単なだけに危険な面があります。安全装置（扉をキチンと締めないと動かないなど）が設置され、機能していることが不可欠です。関係する従業員への教育と毎日の点検も欠かせません。

・エスカレーター

　ステップの角は鋭利ですし、人が直接触れることのできる機械で

す。市中での事故もたくさん起きています。事業場内にエスカレーターがある場合は、動いている危険な機械設備であるとの認識を持って、安全な利用方法になっているか確認してください。

・重量物

袋に入った重量のある原材料を人の力で持ち上げて、混練機などに入れるといった作業が見られます。小分けした梱包にできないでしょうか。あるいは、人力に頼らない方法に変えられないでしょうか。少なくとも、足場を安定した状態にすることが必要です。

(11)　爆発・中毒に関わる災害

・比重

ガスは、空気より比重が大きいと下に溜まります。ピットの中やコンテナ容器の中に、可燃性の物質が入っていた空き缶などを入れておいたりすると、可燃性のガスが溜まり爆発範囲に入って、着火源があると爆発する可能性があります。可燃物が残っていない状態にして通風のよいところに集積することが必要です。

・クラウド

コンピューターのデータ保管や処理の関係で使われているクラウドではなく、「雲」です。大気中に漏れ出したガスが、塊になって浮遊して流れていくことがあります。理科実験で見かける空気砲（煙を入れた段ボール箱の側面を叩いて前面の開口部から煙を大砲のように打ち出す）やタバコの煙を口から吹き出した時のような状態に似ています。ガスの比重・温度や気流によって動きや拡散の仕方は変わります。可燃性のガスや急性中毒に繋がるガスは注意が必要で

す。思わぬところで中毒になったり、爆発したりする可能性もあります。

・滞留

　タンクや配管の中の気体は、危険だったり有害だったりすれば（おそれがあれば）、内部に立ち入る前に、内容物を排出して置換するなどの対策が採られます。地下などでも同様です。確実に置換できているか（内部に滞留しているところがないか）は、目で見てもわからないことがほとんどで、測定などを行って確認することになります。確認の方法は、決まっているでしょうか。タンクなどは内部が複雑な構造になっていて、内容物が滞留しやすい場合があります。酸欠のガスも同様です。

　気体に限らず、液体の場合も、内部に残留していないことを確かめる方法はどうなっているでしょう。

・漏えい

　タンクや配管には、バルブ・弁が付き物です。バルブの項で取り上げましたが、配管閉止したつもりのバルブ・弁から内容物（気体、液体）が徐々に漏れる可能性はないでしょうか。閉止した時に確認しても、時間の経過とともに漏れ出すことがあります。

・水蒸気爆発

　高温溶融物を取り扱うところでは、特に注意が必要で、徹底した管理がされているはずです。ただし、トラブルなどで高温溶融物が流れ出ることも想定しておくことが必要です。このような職場では、水分（水に限りませんが）の管理が重要なことは言うまでもありません。固形高温物でも水蒸気爆発の可能性はあります。

⑿ 力負けに関わる災害

・手を出す

　玉掛け作業の項でも書きましたが、クレーンなどの吊り荷に手を出して挟まれるという災害があります。身体が挟まれることもあります。狭いところ（固定設備などが近くにあるところ）では特に注意が必要です。重量があるからクレーンなどを使って運搬しているのですから、力負けして当然とも言えます。一定の場所での玉掛け作業がある場合は、退避の位置（無線クレーンであれば、操作位置）を決めておくといいでしょう。手鉤（ハーケン）を使うことを義務付けている事業場もあります。

・転がる

　物が転がってくると止めようとするのは自然な行動なのでしょう。転がってくるものが重量物であれば、危険なことは言うまでもありません。予定外に転がることがないようにしておくということが原則です。転がってきた物をバールを使って受け止めようとして、バールが顔に当たったという災害もあります。

・溺れる

　岸壁から海中に落ちる、水路に落ちる、ピットに落ちるといった災害を耳にします。車で転落することも多いようです。落ちないようにガードレールを付けることなどができればいいですが、このような場所で車両に乗る可能性のある従業員がいれば、万一の時の対処（脱出方法）などの教育をしておくことも必要かもしれません。

⒀　集中に関わる災害

・遊び手

　作業を片手でする時などで、使っていない側の手（身体を支えたりしている手）が挟まれたり、鋭利な物に触れたりして災害にあうことがあります。注意が向いている（作業をしている）方向に意識が行くために、起きる災害です。「気を付ける」という対策ではなく、危険なところに手が入らない、触れないようにする対策が必要です。

・足元切断

　補修工事や設備の更新などのために、鋼鈑でできた床面を切断する作業で、自分が乗っている場所を切断して、転落したという災害を何件か聞いています。自分の足元を切断するなどということは信じられないと思いますが、作業に集中すると、このようなことがあるということです。具体的な施工方法（作業手順・位置の確認）を決めておくことと作業の指揮者・監督者が作業の状況を確認することが必要です。

・火花

　ガス切断や溶接作業で気を付けなければならないことに、火花（スパーク）による作業服への着火があります。溶接作業をしていると作業に集中しているために、火花が服の中に入っても最初は気付かないことが多いようです。熱さに気付くと、作業服をパタパタとさせてしまい、空気が入って余計に服が燃え上がってしまうことになります。このようなことも想定して、溶接作業をする場所のすぐ近くにバケツなどに水を入れて、万一の時の消火に使うことも必要です。作業服やインナーを不燃性や難燃性の素材にすることや襟元の

隙間を無くすことも考えられます。水を置いておくということは、簡単で効果がある対策になります。

　また、工事などでは、火花が着火源になって火災になることもあります。工場内では、溜まったダストや油などに着火する可能性もあります。火花が落下する（当たる）ところの養生が必要です。もちろん、ダストや油などを除去しておくことも大切です。

⒁　がんばりに関わる災害

・熱中症

　対策が徹底されてきていますが、それでも熱中症はなくなりません。必要な対策を徹底するようにしてください。気を付けたいことは、ほとんどの人が「これぐらいなら大丈夫」と自分で思っていることではないでしょうか。調子が悪い時に早めに申し出たり、作業を取りあえず休止する、体調の悪そうな同僚に声を掛けるということが確実にできるよう作業開始時に（始業時ミーティング、ツールボックスミーティング等で）従業員に伝えることが必要です。あわせて、さまざまな熱中症事例を順次紹介して、「こんなことでも熱中症になるんだ」ということを周知することが意識を高めることに繋がります。

　熱中症のおそれがある場合は、「涼しい所で横になって休め」と言って、一人で放っておくようなことがあってはいけません。

4. 気になる「安全用語」

　安全に関する話の中で、特有の言葉の使い方がされていることがあります。わかりやすい例で言えば、「災害」は、解説をするまでもなく「労働災害」を意味することだと事業場のみなさんはすぐわかりますが、一般社会での使い方とは違います。言葉の使い方が、考え方を誘導している面もあるはずです。筆者が気になる「言葉」はたくさんありますが、ここでは、よく用いられる用語をいくつか取り上げて概説しておきますので、安全管理のあり方を考える時の参考にしてください。

(1)　安全理論や安全管理の用語

ア．安全文化
　1986年のチェルノブイリ原発事故の原因調査の中で使われ、一般的には産業界の事故の背景要因としてよく使われるようになっています。

　事業場の安全水準を高めるためには、安全文化を構築していくことが必要だという考え方があります。しかし、「安全」だけに限った「文化」はありません。また、「人づくり」が安全文化を高めるとも言われますが、「人づくり」の対象は職場で業務に従事する従業員だけの問題ではないことは明らかです。「文化」は経営者や事業所長を含めた全従業員が、事業（業務）を進める時の発想の仕方として定着したものが「文化」の本質だと筆者は考えています。企業の中、あるいは事業場の中には、大なり小なり固有の発想の仕方

があります。企業文化と言ってもいいでしょう。安全文化は、企業文化の中にあります。

イ．安全第一

「安全第一」と書かれた横断幕や看板をよく目にすることがあります。従業員に対して安全な作業を呼び掛けるとともに、経営としての姿勢を表明しているという意味があります。「安全第一」は米国鉄鋼メーカーUSスチール社長のゲーリー氏が、「生産第一」「品質第二」「安全第三」という経営方針を「安全第一」「品質第二」「生産第三」として安全対策や教育を進めたことにより、労働災害が減少し、事業の業績も向上したと言われています。その後、日本でも当初は「安全専一」として安全運動に取り入れられ、産業界に広がっていきました。100年以上前の話です。この「安全第一」についての考え方もいろいろありますが、ここでは詳述しません。関心があれば、調べてみてください。筆者は、冒頭の「著者はこんな人」に記載した三村起一氏の言葉である「災害なき生産こそ真の生産である」が、的を射た「安全第一」の表現だと思っています。

ウ．ハインリッヒの法則

安全管理を担当していると、必ずと言っていいほど「ハインリッヒの法則」について耳にしたり、目にすることがあります。法則の内容については、詳述しませんので、必要であれば安全管理のテキスト等で調べてください。

もっとも有名な法則が「1：29：300の法則」でしょう。ヒヤリ・ハット事例の活用が大切であることを強調する時によく引用されます。この比率は、ハインリッヒが約100年前に特定の範囲で調査した時の結論で、現在のすべての事業場や業務に当てはまるという

ことではありません。数字（比率）が一人歩きすることがないように注意が必要です。結果として重篤な災害に繋がらなくても、リスクとしてキチンと評価して必要な対策をとることが必要だと理解しておきましょう。この法則の他に、事故と重篤な災害の発生比率に関する「バードの法則」もあります。

　最近はあまり聞かなくなりましたが「ハインリッヒの五つの駒」という考え方もあります。考え方の妥当性は、あなた自身で考えてみてください。

エ．危険感受性と危険敢行性

　詳述はしませんが、簡潔に言えば「危険を危険と感じるかどうか」が危険感受性の問題で、「危険なことをやってしまうかどうか」が危険敢行性の問題です。危険敢行性は、英語でリスクテーキング（risk-taking）という人もいますが、「リスクを受け入れる」というよりも、「やってしまう」というもっと日常的で身近なできごとといったニュアンスの方が作業の安全を考える時にはわかりやすいで

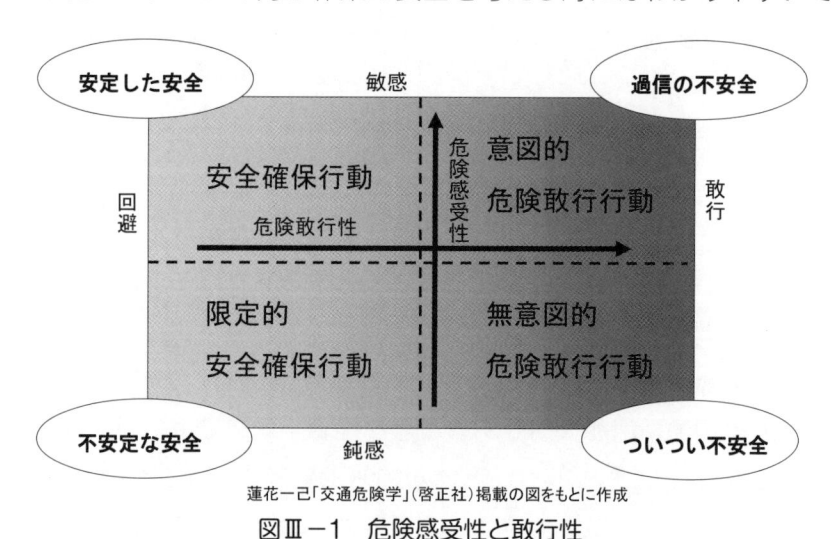

蓮花一己「交通危険学」(啓正社)掲載の図をもとに作成

図Ⅲ－1　危険感受性と敢行性

しょう。このような敢行性があることを当然のこととして認識して、職場内でのコミュニケーションや指導に活かすことが重要です。敢行性が高いことが悪いことだということでは決してありません。敢行性を認識して安全な行動を選択するようにすることが大切だということになります。積極的な人や管理監督者になる人は敢行性が高い傾向にあるのだろうと思います。

オ．安全配慮義務

　安全配慮義務に関しては、安全管理のテキストなどでも良く見かけます。元々は、民法の「契約」（第3編第2章）の「雇用」に関する規定に付随する義務として判決で用いられた用語で、概念として定着してきています。刑法・労働安全衛生法などの強制法規の適用に関しても用いられることがありますし、健康管理については健康配慮義務と言われることもあります。その後制定された労働契約法では、「労働者の安全への配慮」として規定されています。

　安全配慮義務があるから、従業員の安全管理が必要だとか、安全配慮義務を尽くすための安全管理という考え方を前面に出すよりも、「事業者（使用者）は、従業員（労働者）が安全に作業ができるようにする必要がある」という理解で十分だと筆者は考えています。

カ．労災

　「労災になる」とか「労災にならない」とかいう表現が使われることがあります。「労災」は、労働災害の略語であるとともに、労働者災害補償保険法（労災保険）の保険給付（いわゆる労災補償）の対象になる業務災害という意味で使われているのだろうと思います。労災保険は、政府が管掌し、労働基準法に規定された使用者の

災害補償義務を担保するものです。

　労災保険の保険料（いわゆる掛け金）は、「労働保険の保険料の徴収等に関する法律（徴収法）」の規定によって決められています。保険料は、大ざっぱに言えば、支払賃金総額をベースに、業種と事業場の従業員（労働者）に対する保険給付実績を反映して決められます。メリット料率という考え方があり、保険給付の多寡によって（大まかに言えば、労働災害、特に重篤な労働災害が多いか少ないかによって）保険料が変わる仕組みです。災害が少ないと保険料も下がります。なお、通勤災害の場合も保険給付の対象になりますがメリット料率算定の時には勘案されない定率です。

　労災保険の給付請求手続きは、事業場が行うことが多いと思いますが、労働者本人（または遺族）からの申請になります。労災保険の大まかな仕組みは、安全管理者としても理解しておくといいと思います。

　なお、工事などで個人事業主（いわゆる一人親方）が事業場で仕事をすることがあるかもしれません。事業主は労働者ではありませんので、本来は労災保険の対象にはなりませんが、特別加入制度があります。もし、個人事業主が事業場の仕事をすることがあるのであれば、加入を勧奨してはどうでしょうか。

　また、事務的な業務を中心に、在宅勤務など（いわゆるテレワーク）で勤務場所の線引きや労働時間の把握がむずかしくなり、万が一ケガなどをした場合の労災適用の判断がむずかしくなってくることが考えられます。安全管理者が判断することではありませんが、事業場として考えておく必要があるでしょう。

キ．度数率・強度率

　災害度数率は、100万労働時間当たりの災害の発生件数で、災

害度数率1.0の場合、従業員数500人の事業場で1年に1件の災害が発生しているということになります。50人の職場では10年に1件の発生率、5人の職場では100年に1件の発生ということになります。日本の全産業における休業災害度数率は1.6程度（常用労働者数100人以上の統計）です。不休災害まで含めると、この数倍の発生率になります。

　災害が頻発している事業場や職場は別にして、職場単位で見れば災害（特に休業を要するような災害）は稀な出来事ということになります。災害という結果だけに着目せずに、安全水準を上げるという視点で安全管理に取り組むことが大切です。

　強度率は、1000労働時間当たりの労働損失日数を示しています。国の統計としては重要ですが、非常に規模の大きな会社以外では、あまり安全管理の指標にはならないでしょう。「労働損失日数」は、災害によって永久全労働不能および永久一部労働不能（いわゆる残存障害）に至った場合は、身体障害等級に応じた損失日数の当てはめがされます。統計上の整理は知っておく必要はありますが、統計という数字では単純に表せない損失が、被災者本人や家族、職場、事業場にあることを忘れないようにしなければなりません。

(2)　安全活動に関連した用語

ア．本質安全

　Ⅱ編－4－(2)でも取り上げました「機械安全」の考え方の中で、リスク低減方策の第一に「本質的安全設計方策」があります。「本質安全」という言葉は、数十年前から安全活動の中で使われてきましたが、必ずしも「本質的安全設計方策」の意味で使われてきていません。具体的に何を指しているのかわからない使い方は避けた方

がいいでしょう。「本質安全」は言葉のとおり解釈すれば、とても
むずかしいことで、職場の従業員からは実現不可能なことをスロー
ガン的に掲げていると思われかねません。

イ．マンネリ

　「安全活動のマンネリ」といった表現を聞くことがありますが、「マ
ンネリ」という言葉は日常生活ではあまり聞かなくなりました。安
全活動がマンネリ化しているのではなく、実際には安全をリードす
る人たちがマンネリ化しているか、実効の上がらない活動を職場に
求めているからマンネリと感じるかのいずれかではないでしょう
か。前者は、日々業務として安全のことを考えたり、取り組んだり
している立場では、同じようなことを繰り返すことに「飽きがきて
いる」という意味です。受ける現場の側は、安全を業務として担当
する側ほどには「飽きがきていない」かもしれません。

　いずれにしろ「マンネリ」が気になる安全管理や安全活動は、そ
の管理や活動自身に課題があると考えてみてください。

ウ．報連相（ほうれんそう）

　言うまでもなく、報告・連絡・相談のことです。災害の対策とし
ても「報連相の徹底」などとされていることがあります。職場の業
務を円滑に進めたり、トラブルに的確に対応するために不可欠です。
では、どうやって「徹底する」のでしょうか。

　報連相は、部下から上司へ行うものだと理解している人もいます
が、もっと幅広い職場内のコミュニケーションだと理解した方がい
いでしょう。挨拶は、「部下から上司に対してする」ものではなく、
上司からも部下に声を掛ける、同僚同士でも挨拶をすることが、職
場内の円滑なコミュニケーションを促します。これと同じで、報連

相も上司から部下に対して行うことで、職場内に報連相を行う文化が生まれてくるでしょう。部下から上司への報連相は、ハードルが高い（勇気がいる）ことがあります。部下に求めてもハードルを低くすることは容易ではありませんが、上司から部下への報連相で、このハードルを下げるようにすることは比較的容易です。

　また報連相を受けた側の対応も大切です。「報・連・相　徹底すると　迷惑そう」という川柳を知っていますか。第一生命「U−29サラ川グランプリ」2016年9月に投稿された28歳男性（雅号：ちょっとお時間いいですか）の作品です。上司が、報告などをした部下にどのように対応したらいいのかについて、上司に当たる人たち（管理監督者）に対して指導しておくことも必要です。安全管理の取り組みというよりも、職場マネジメントを管理監督者が的確にできるようにするための教育と言ってもいいでしょう。

エ．「徹底する」

　「徹底する」と言うのは簡単ですが、本当に「徹底する」のはむずかしいことです。事故・事件が発生すると、その組織の責任者が「職員に対する指導を徹底します」「再発防止を徹底します」と言っていますが、具体的にどのようにするのかが気になります。一時的に「徹底」できても、継続的に「徹底する」ためには、「仕組み」がいることは間違いありません。仕組みだけでなく、事故・事件が起きてしまう、起こしてしまう風土に課題がある場合もありそうです。

5. 情報の入手と自己研さん

　事故・災害や法改正に関する情報を別にすれば、安全管理者にとって最も重要な情報は、事業に関連することではないでしょうか。職場がどのような課題を抱えて業務を進めているかを知ることは、的確な安全管理を進めるために重要です。

　一方で、安全管理を的確に進めるためには、知恵が要ります。安全管理者の経験や事業場内での経験だけでなく、関連する分野の研究の成果や事業場外（社外）の取り組み事例を知り、必要な場合は事業場にふさわしい形で施策として展開することになります。

　また、技術の進歩に伴う安全装置や安全作業が容易にできる設備や機器に関する情報も貴重です。センシング技術や情報通信技術の進歩やAI技術を安全管理に適用できる範囲も広がってきます。事業場内の状況を見るだけでなく、外部からも情報を得て、安全管理に活かしてもらいたいと思います。

　この章では、安全部門の情報として基本になる情報の入手と活用について整理します。

(1)　法令関係の最新情報を受け取る

　事業場が労働基準協会連合会や労働基準協会の会員であれば、会報などで法改正の情報や法改正説明会の開催案内などを確認することができます。中災防や建災防などの災防団体の会員になったり、定期刊行誌を購読していれば、幅広く安全衛生管理の情報を得ることができます。このほか、安全衛生関連の団体のメール情報サービ

スに登録して情報を得る方法もあります。待ちの姿勢であっても最低限の情報は入手することができます。

　ただし、情報を受け取って、事業場の安全衛生管理に活かさなければならない情報なのかの判断は安全管理者などが行うことになります。このために、得た情報をよく理解しなければならないことは言うまでもありません。読んで理解できないことは、関連の説明会・研修会に参加したり、関係先に確認したりすることが必要です。説明会・研修会では周辺情報も得られ、より理解が深まるということもあります。

(2)　情報にアクセスする

　安全衛生管理を向上させるためには、自ら積極的に幅広く情報を得て、必要な情報を見極めて活かしていくことが必要です。

　安全衛生関係では、厚生労働省のホームページは非常に充実していますので、随時確認するといいと思います。法令改正や指針などのほか、厚生労働省の安全衛生関係の審議会や研究会等での検討内容などが原則として公表されています。常設の労働政策審議会、安全衛生分科会のほか、必要に応じて開催される検討会等では、安全衛生管理に関連した課題への対応などについて検討が行われており、検討の経過を知ることができます。すべてに目を通すことは現実的ではないと思いますが、事業場に関係の深いことや興味のあることについて見ておくと、事業場の安全衛生管理に活かすことができます。

　この他、中災防（安全衛生情報センターを含む）や建災防などの災防団体のホームページなど、アクセスして情報を入手できるサイトは非常にたくさんあります。必要に応じて、自分のパソコンの「お

気に入り」に登録しておいて、随時確認するようにするといいと思います。

　防災関連、交通安全関連、建設安全などについては、それぞれの所管官庁や関連団体のホームページにも情報が掲載されています。経産省、総務省（消防庁）、内閣府（警察庁）、国土交通省などです。

(3)　現行の法令等を確認する

　既存の法令等の規定は、法令集で確認することが一番いいと思います。できれば、解釈例規などの行政通達も一緒に確認できると、より理解が深まります。

　インターネットでは、総務省の「e-Gov法令検索」が使い勝手がいいと思います。法令名や法令用語での検索ができます。厚生労働省関係の「法令等データベースサービス」も過去の重要通知（通達）なども限定的ですが確認できます。ただし、法令で用いられている用語での検索が必要です。例えば、「特別教育」と「特別の教育」では検索結果は変わりますし、「定期検査」など日常省略して用いている言葉で検索しても労働安全衛生法関係では、該当データはなしとなります。

　安全管理者選任時研修の時に法令の概要は勉強していると思いますが、関係する法令（労働安全衛生法、関連政省令など）については、日頃からこまめに確認して全体の理解を深めておくといいでしょう。

⑷ 安全衛生管理の知識を深める

　安全衛生管理の取り組み方や用語の確認、統計データなども、取りあえずはインターネットを活用して確認することができます。厚生労働省の「職場のあんぜんサイト」も便利です。ただし、インターネット情報に基づいての判断だけでは不十分な面があります。出版物を読み込んだり、説明会・研修会などに参加することも必要です。

　安全衛生関係の研修会などにも積極的に参加しましょう。視野を広げることに繋がります。研修会は、中災防の本部・地区センターが主催するもの、中災防の教育センター（東京、大阪）で開催されるものを代表格として、災防団体や都道府県労働基準協会連合会・地域労働基準協会での研修などもあります。安全衛生関係機関の研修もありますし、民間団体が開催するものもあります。

　中災防が主催する全国産業安全衛生大会を筆頭に、事例発表や講演が行われる災防団体や安全衛生関係機関主催の大会がいろいろとありますので可能な範囲で参加しましょう。全国産業安全衛生大会と同時に開催される緑十字展（安全衛生関係企業などの展示会）では、最新の安全衛生関係機器・用具、安全衛生保護具や安全装置などの情報も得られます。さらに、専門的だといった面はありますが、安全関連の学会（日本安全工学会、日本人間工学会など）もあり、会員以外でも参加できるものがあります。他にも公開されているセミナーなどもいろいろとあります。安全衛生管理を深く考えるためにとても役に立ちます。他の事業場や安全衛生関係者の取り組み・経験や考え方、学問的な成果などを学ぶことは、自分自身を磨くことに繋がります。たとえ、受け入れられないような考え方であっても、それを知ることで自分自身の考えを整理することができます。

　安全衛生関係の資格を取得することも、テキストなどを読み込む

ことに繋がりますし、事業場内での「資格者の活用」についてのヒントも得られます。例えば、「作業主任者にその職務を確実に実施させる方策」を考える時に、作業主任者がどのような教習で資格を取得しているのかを知っておくことは役に立ちます。玉掛け作業の技能講習などを受講してみることも、安全作業に関する気付きに繋がるかもしれません。

(5) 情報を見極める

法令等を含めて、安全衛生管理の情報（考え方や知見等）に関しては、事業場に当てはめて、その意味をよく考えてみることが大切です。業種によっても、事業場の従業員構成によっても、事業場の規模によっても、時代によっても最適なことは違いますし、当てはまらないこともあります。事業場の状況や自分の考えによく照らし合わせて情報を理解し、活用するようにしてください。

統計データについても、母集団の対象範囲の違いや分布によって意味が異なってきます。

(6) 安全管理者となった人に推薦する出版物

安全管理者になって一番先に目を通してもらいたい出版物は『安全の指標』（中災防から毎年5月頃に出版される）です。その時点での、国内の安全管理の課題についてわかりやすく記載されています。事業場と直接関係ないと思うこともあると思いますが、国内の安全管理の動向を知ることが、事業場としてよりレベルの高い安全管理に結び付く面があります。

このほか、中災防の定期刊行物は安全衛生管理全般にわたっての

最新の情報、企業の取り組み事例紹介、安全衛生管理の考え方等の専門家の解説などが掲載されています。読んでいるという安全管理者が大半だと思いますが、ある意味で安全衛生関係情報の宝庫です。目を通すレベルではなく、「事業場に活かすことがあるのではないか」という気持ちを持って、読み込むことが安全管理者の財産になります。もう少し視野を広げて、「働く」ということをベースに安全衛生管理について考えるためには「労働の科学」（公益財団法人大原記念労働科学研究所、筆者はこの研究所の特別研究員）を薦めます。

　安全衛生関係団体の機関紙・広報誌など（会員限定に配布されるものも多い）からもそれぞれの関わる分野を中心に、安全衛生関係で必要な知識・情報を得ることができます。日本労働安全衛生コンサルタント会、日本クレーン協会、日本ボイラ協会、ボイラ・クレーン安全協会などがあります。民間の出版社から定期刊行されている安全衛生関係の雑誌もあります。

　単行本も読んでおきたいと思います。足元の課題への対応に関するものだけでなく、関連の知識を幅広く持つことが、より的確な安全衛生管理に繋がります。安全衛生分野の本として出版されていなくても、例えば、教育ノウハウ、経営・マネジメント、人間工学、ヒューマンエラーなどがあります。

　なお、出版物を読む時も、無批判に読むということではなく、書いてあることが「正しいか」「事業場にとって役に立つか」「自分ならこう考える」という読み方をすると、情報をうまく活かすことができるでしょう。特に、研究者が安全管理の問題について執筆している時は、大事故・大事件をベースにして考え方を整理していることが多いような気がしますので、職場での事故や災害の対応に当てはまるかを考えながら、読んでもらうといいと思います。

表Ⅲ－1　安全衛生関連の代表的定期刊行物

発行元	名称	備考
中央労働災害防止協会	安全と健康	月刊
	安全衛生のひろば	月刊
	心とからだのオアシス	季刊
公益財団法人大原記念労働科学研究所	労働の科学	月刊
株式会社労働調査会	労働安全衛生広報	月2回発行
株式会社労働新聞社	安全スタッフ	月2回発行

表Ⅲ－2　安全管理者にお薦めする出版物

発行元	名称	備考
中央労働災害防止協会（詳細は巻末資料参照）	安全衛生法令要覧	毎年3月頃発行
	安全の指標	毎年5月頃発行
	労働衛生のしおり	毎年8月頃発行
	「エピソード安全衛生運動史」鎌形剛三編著	中災防新書
	「新しい時代の安全管理のすべて」大関規著	
	安全管理者選任時研修テキスト	
	安全管理者実務必携	能力向上教育用テキスト
	中災防ブックス002「知っておきたい保護具のはなし」田中茂著	
	新入者安全衛生テキスト	別に「指導のポイント」あり
	5カ国語対訳単語帳　安全衛生パスポート	
	対話重視の安全パトロール　13のポイント	

大原記念労働科学研究所	産業安全保健ハンドブック	百科事典的ハンドブック
	人間工学チェックポイント	
日科技連	「よくわかる！管理・監督者のための安全管理技術（基礎編、実践編）」梅﨑重夫他著	
	「組織事故」ジェームズ・リーズン著／高野研一他訳	
丸善出版	「安全人間工学の理論と技術―ヒューマンエラーの防止と現場力の向上」小松原明哲著	
株式会社労働調査会	安衛法便覧	毎年8月頃発行

・出版物の詳細な内容は、出版元に問い合わせるか、出版元のホームページで確かめてください。

・表に記載している以外にも安全衛生関係、人間工学関係の出版物は多数あります。

6. 社外安全衛生関係機関との関係

　法令に基づく管理を的確に行うためには、前述のとおり、行政機関を始めとする関係先から情報を得たり、指導を受けたりすることが必要です。また、安全衛生管理は、対象とする範囲が広く、専門性の高いこともありますので、安全管理者個人や事業場内の安全衛生部門だけの力で対応することは大変です。社外専門機関の力もうまく利用して、より的確な安全衛生管理に繋げてください。

(1)　行政機関

　労働安全衛生に関する行政機関は、厚生労働省関係の機関になります。担当する業務の範囲によっては、この他に、都道府県庁などの自治体や保健所、消防署などと関係する業務があると思いますが、この章では触れません。
　厚生労働省の安全衛生関係の組織を大ざっぱに整理すると次頁のようになります。

```
┌─────────────────────────────────────────────┐
│ 厚生労働省（本省）                              │
│  │                                           │
│  └── 厚生労働大臣、労働基準局、安全衛生部、計画課、 │
│      安全課、労働衛生課、化学物質対策課ほか        │
│                                              │
│ 都道府県労働局（都道府県単位）                    │
│  │                                           │
│  └── 労働局長、監督課、健康安全課（安全課、健康課）ほか │
│                                              │
│ 労働基準監督署(地域毎)                           │
│                                              │
│ 〔東京や大阪の労働局管内には10を超える労働基準監督署がある〕│
│  労働基準監督署長、○○方面、安全衛生課ほか          │
│  労働基準監督官：労働安全衛生法の施行が職務。立入検査 │
│             などの権限もあり、労働安全衛生法違反 │
│             に関しては刑事訴訟法の司法警察員とし │
│             て職務権限もある                   │
│  労働衛生専門官：労働安全衛生法に基づく調査、指示、指 │
│             導、援助などの職務を行う            │
└─────────────────────────────────────────────┘
```

　事業場の安全衛生管理を行う時に、最も関係の深い行政機関は地元の労働基準監督署（法令では所轄労働基準監督署）となります。法令に基づく申請（免許交付申請など）、届出（計画の届出など）、特定機械等の関連の落成検査・変更検査等の申請、クレーン等の設置報告、事故報告、労働者死傷病報告など）などの提出先としても労働基準監督署は身近な存在です。労働基準監督署というと、監督権限があって、取り締まりを行うところとの印象が強い人もいますが、法令に基づく安全衛生管理を進める上でわからないことなどを

いろいろと教えてもらう（対応の相談に乗ってもらう）こともできます。なお、都道府県労働局が所管になっている事項もあります。

(2) 労働災害防止団体（災防団体）

　労働災害防止団体（災防団体と略称されることが多い）は、法律（労働災害防止団体法）に基づいて、「労働災害の防止を目的とする事業主の団体の自主的な活動を促進して労働災害の防止に寄与する」ために組織された団体です。中央労働災害防止協会（中災防）をはじめ、建設業労働災害防止協会（建災防）、陸上貨物運送事業労働災害防止協会（陸災防）、林業・木材製造業労働災害防止協会（林災防）、港湾貨物運送事業労働災害防止協会（港湾災防）があります。組織や活動の詳細は、それぞれのホームページで確認してください。

　Ⅲ編−5−(4)でも触れましたが、中災防は、本部と地方毎にサービスセンターがあってセミナー・教育や事業場の支援などを行っています。東京と大阪の安全衛生教育センターには、受講者宿泊施設もあり、法令に基づく教育のインストラクター教育などの法令に基づく教育を中心に幅広い安全衛生関連教育を行っています。

　中災防の主な事業は、企業内スタッフの安全衛生教育／月刊誌および図書・用品等の販売／企業に対する技術的指導／企業が行う健康づくり活動の支援／快適職場の形成促進／安全衛生分野での国際協力／安全衛生情報の提供／安全衛生に関する調査研究活動／作業環境測定・分析、化学物質の有害性調査などです。このほか、中小企業の安全衛生管理支援に関する業務や労働安全衛生マネジメントシステム、機械安全対策、化学物質リスクアセスメント、ストレスチェックの関連業務も行っています。

　災防団体は、安全管理者がいろいろな面で支援を受けられる組織

です。事業の内容を確認して活用してください。

(3) 安全衛生関係機関・団体

　多くの事業場は、労働基準協会の会員になり、教育等で利用しているのではないかと思います。概ね労働基準監督署単位に労働基準協会があり、都道府県単位（都道府県労働局単位と言ってもいいかもしれません）に労働基準（協会）連合会があります。「労働基準法や労働安全衛生法などの労働関係法令の普及」、「労働安全衛生と労働条件の向上」、「産業の健全な発展と労働者の福祉の向上」に貢献することなどを目的して設立されています。

　協会毎に事業内容に違いはありますが、技能講習や特別教育等安全衛生関連の教育、法改正などがあればその説明会の開催、全国安全週間・全国労働衛生週間などでの行事で、安全管理者の業務との深い繋がりがあります。安全衛生管理に関しても相談に乗ってくれるところが多いと思います。

　このほか、安全管理関係では、日本労働安全衛生コンサルタント会、日本クレーン協会、日本ボイラ協会、ボイラ・クレーン安全協会などがあり、それぞれの分野での対応を相談することができます。

(4) 登録教習機関等

　法令で規定された技能講習を実施する機関です。労働基準協会（連合会）などのほかに、民間企業もあります。各都道府県労働局ホームページで確認することができます。

(5) 登録性能検査機関

　特定機械等（クレーン、ボイラなど）の性能検査等を行う機関です。登録製造時検査機関、登録個別検定機関、登録型式検定機関も含めて厚生労働省の告示で機関名を確認することができます。

(6) 安全衛生コンサルタント

　労働安全（衛生）コンサルタントは、「労働安全（衛生）コンサルタントの名称を用いて報酬を得て、労働者の安全（衛生）の水準の向上を図るため、事業場の安全（衛生）についての診断およびこれに基づく指導を行う」ことを業とする専門家です。事業場として、労働安全コンサルタントに、事業場の安全管理について診断してもらったり、教育を依頼したり、労働安全衛生マネジメントシステムの監査を依頼したりすることができます。どのようなことが依頼できるのかについては、日本労働安全衛生コンサルタント会のホームページなどで確認してください。それぞれのコンサルタントの得意分野を活かせるような依頼ができるといいと思います。安全コンサルタント試験には、「機械」「電気」「化学」「土木」「建築」の区分があります。

(7) 大学、研究機関

　直接関わりがあることは少ないかもしれませんが、独立行政法人労働者健康安全機構労働安全衛生研究所（安衛研）は安全管理に関わりが深い研究機関です。大学では、機械安全などを含めた教育が行われているシステム安全工学専攻のコース（長岡技術科学大学大

学院）などもあります。幅広い意味での安全に関して教育・研究を行っている関西大学社会安全学部などもあります。これらの大学を含め、安全に関する研究成果が公表されたり、公開講座が開催されたりすることもあります。関心があれば、それぞれのホームページなどを確認してみてください。

　また、筆者と関係の深い公益財団法人大原記念労働科学研究所も、約100年の歴史がある労働安全衛生関連研究所の草分けです。安全マネジメント関連、疲労や労働負荷関連、人間工学分野、メンタルヘルス関連などの調査研究や職場改善支援などの事業のほか、研修や講師派遣なども行っています。必要に応じて活用してください。

あとがき

　安全管理者は、安全管理や安全活動を企画・運営する立場にあります。本文中では明確にして取り上げなかった次の二つのことも頭に置いておいて欲しいと思います。

　一つは、経営の中での安全に関わる業務を行うのですから、「コストパフォーマンス」についていつも考えておいて欲しいということです。「お金を掛けない」ということではありません。コストを掛けないで安全管理はできませんし、大きな投資がいることもあります。掛けるコスト（労力、金銭など）を活かして欲しい、それも中長期的な展望を持って活かして欲しいという意味です。形式的で表面的な安全管理が、長い目で見ていい成果（パフォーマンス）を生むことはないでしょう。合理的な取り組み方を志向してもらいたいと思います。事業場の実態（事業を取り巻く状況、従業員、設備など）を見極めて、掛けるコストが生きるようにしてください。

　もう一つは、安全管理や安全活動の持つメッセージ性です。何を目指しているのか、何を求めているのかが、一つひとつの安全管理や安全活動の打ち出し方や進め方、あるいは使われる言葉に現れてきます。管理部門を含めて全従業員が、前向きに安全管理や安全活動に取り組めるか否かに大きな影響があると考えます。従業員がどのように受け止めるのかを考えて企画・運営してもらいたいと思います。

安全管理は、対象とする範囲が広く、むずかしい仕事だと思います。安全管理を担当することに、やりがいを感じることができるかどうかは、あなた次第です。安全管理は、事業場（会社）のマネジメントと深く関わり、的確な安全管理は事業場で働くみなさんの前向きな気持ちを引き出します。結果として、労働災害がなくなり、事業場の業績にも繋がると信じています。事業場のマネジメントを担う気持ちを持って、安全管理者としての仕事に取り組んでもらいたいと思います。

　安全管理や事業を取り巻く環境は大きく変わってきています。技術面の革新的な変化だけでなく、「情報」に関わる状況も、人の発想も時代とともに変わっていきます。「情報」は伝えるというよりも、拡散すると言った方がよいといった状況も見られます。人と人との関係性や価値観も、揺れ動いているように思います。ただし、どのような変化があろうと、人の命と健康がかけがえの無いものであることに変わりはありません。安全管理者としての仕事は、よりむずかしくなるのかもしれませんが、新たな技術を活かし、時代の変化に合った安全管理を志向していってもらいたいと思います。

　この本の内容も参考にしてもらい、事業場で働く人たち一人ひとりの人生と事業の発展を支える気持ちで、安全管理者としての時間をあなたらしく過ごして欲しいと思います。さらには、日本の安全衛生管理や活動をより良い方向にけん引する一翼を担ってもらえればと思っています。あなたの活躍を願っています。

安全管理者にお薦めする図書リスト（中災防）

〈法規関係・統計・資料〉	
1	**安全衛生法令要覧　毎年3月頃発行　6,480円** 〈内容〉多数の安全衛生関係法令を収録した実務に役立つハンディーな法令集。事業場の安全衛生担当者が使いやすい法令集という視点で編集。 〈目次〉労働安全衛生法、労働安全衛生規則、ボイラー則、クレーン則、有機則、特化則、労働基準法など
2	**安全の指標　毎年5月頃発行　702円** 〈内容〉全国安全週間実施要綱をはじめ職場で役立つ資料を豊富に収録。 〈目次〉労働災害の現況／労働災害防止対策の基本／各分野ごとの労働災害防止対策／災害事例／安全に関する主要指針・通達等／資料
3	**労働衛生のしおり　毎年8月頃発行　702円** 〈内容〉全国労働衛生週間実施要綱、最近の労働衛生対策の展開を解説。さらに業務上疾病の発生状況などの統計データ、関係法令、主要行政通達など職場で役立つ資料を豊富に掲載。 〈目次〉労働衛生の現況／最近の労働衛生対策の展開／労働衛生関係法令・指針・通達等／その他法令・通達等／主な職業性疾病発生事例
〈読み物〉	
4	**エピソード　安全衛生運動史　鎌形剛三著　2001年　972円** 〈内容〉「女工哀史」の時代、人間愛に燃えて産業災害絶滅に立ち上がった先駆者から、今日の発展した産業社会に至るまでの働く人の安全と健康を守るために活躍した人々の業績をエピソードでつづる。〈在庫僅少〉 〈目次〉運動の夜明け（大正時代）／進展と停滞の時代（昭和戦前）／発展の時代（昭和三十〜四十年代）／充実の時代（昭和五十〜六十年代）／運動の転換期（平成年代）
〈体系書〉	
5	**新しい時代の安全管理のすべて　大関親著　2014年　5,184円** 〈内容〉労働災害の企業経営に及ぼす影響、最低限必要な安全に関する法制の内容、労働安全衛生マネジメントシステムとの調和、就業態様の変化に伴って新たに対応すべき課題等について、事業場の目線でわかりやすく体系的に取りまとめた、経営者・安全責任者など必読の書。
〈選任時・能力向上〉	
6	**安全管理者選任時研修テキスト　2016年　1,512円** 〈内容〉平成18年1月の労働安全衛生規則の改正により、事業場において安全管理者を選任する場合、その資格要件として安全管理者選任時研修を修了しなければならない。本書は、厚生労働大臣の告示に基づいた教材として、必要な知識を習得するための研修用テキスト。 〈目次〉安全管理／危険性又は有害性等の調査及びその結果に基づき講ずる措置等／安全教育／関係法令／関係資料
7	**安全管理者実務必携―能力向上教育（定期又は随時）用テキスト―　2016年　2,160円** 〈内容〉安全管理者に就いている者が、労働災害の動向、社会情勢の変化等に対応して事業場の安全衛生水準の向上を図っていくための、法定の能力向上教育用テキスト。他の安全管理担当者が必要な知識を得るためにも役立つ書。 〈目次〉最近における安全管理上の課題／最近における安全管理手法／災害事例及び関係法令／資料

〈安全配慮義務〉

8	よくわかる労災補償と裁判～安全配慮義務と安全衛生管理～　外井浩志著 2016年　1,620円
	〈内容〉安全衛生スタッフが知っておくべき労働災害の補償・賠償の知識について、弁護士として長年実務に携わった著者が、実例を交えて解説。裁判上、安全配慮義務の内容として日ごろの安全衛生活動はどのように評価される？　記録や災害後の調査は？―。示談交渉や、行政、裁判官、弁護士などの専門家との対応のコツなど、ノウハウが満載。〈目次〉労災補償、損害賠償の基礎知識／労災・職業病事件の裁判事例（責任の範囲と所在）／安全衛生スタッフが関わる賠償の実務／刑事訴訟手続きへの対応

〈保護具〉

9	中災防ブックス002　知っておきたい保護具のはなし　田中茂著　2017年 1,620円
	〈内容〉安全衛生保護具をどう選びどう使うかといった労働者に必須の知識から、保護具の成立ちや今後の課題まで、誰もが知っておきたい保護具のはなしをやさしく解説。特化則の改正で注目を浴びる、経皮ばく露を防止するための保護具についての解説も加えた新装改訂版。

〈安全衛生計画〉

10	安全衛生計画のたて方と活かし方　中村昌弘著　2007年　1,188円
	〈内容〉中小企業から大企業までのすべての事業場で使えるように、安全衛生管理計画をたてるプロセスを分解し、安全衛生計画の考え方、たて方の実際、作成の手続きの時期、計画を活かすための実践行動などについてわかりやすく解説。

〈雇入れ時教育〉

11	新入者安全衛生テキスト　2017年　864円
	〈内容〉はじめて職場に入る新入者に、安全と健康を守るために心がけてもらわなければならない「安全衛生の基本」をまとめたテキスト。やさしくコンパクトに学べる安全衛生の基礎知識。〈目次〉安全につながる仕事の基本／職場の安全衛生管理／安全な仕事の基本／安全な仕事の進め方／安全で快適な環境のために／日常生活でも気を付けよう／健康に過ごす
12	「新入者安全衛生テキスト」指導のポイント～新入者教育を充実させるために～　2017年　1,620円
	〈内容〉新入者の安全衛生教育を行う指導者に向けて編さん。上記「新入者安全衛生テキスト」に対応し、安全衛生の基本事項のそれぞれについて、教え込む要点や理解度を確認するための質問の例などを詳解。
13	5カ国語対訳単語帳　安全衛生パスポート　2017年　540円
	〈内容〉複数言語の労働者がともに働く職場向けの対訳単語帳。「安全帯着用」「はさまれ・巻き込まれ」など、現場の表示標識や安全衛生教育で使われる用語100語を、ひらがな・ローマ字と5カ国語（英語、中国語、ベトナム語、ポルトガル語、ネパール語）で紹介。

〈安全パトロール〉

14	対話重視の安全パトロール　13のポイント　2016年　1,188円
	〈内容〉職場パトロールの際の現場での目のつけどころ、作業者との対話のしかたなどについて、管理者が知っておきたいポイントを簡潔にまとめた一冊。対話例のマンガも満載。〈目次〉実効のあがる安全パトロールのために／安全パトロールの準備／いよいよ現場へ／現場でここを見る・見逃さない／安全パトロールが終わったら／まとめ

ほかにも、小冊子などいろいろあります。
中災防ホームページ(https://www.jisha.or.jp/order/tosho/)にてご確認ください。
情報は、平成29年10月現在。

＜参考引用文献＞

・福成雄三：もう一度考えてみよう安全衛生水準向上の要諦②企画する、安全と健康68（2）、P36～P38、中央労働災害防止協会（2017）

・福成雄三：もう一度考えてみよう安全衛生水準向上の要諦④現場を見る、安全と健康68（4）、P49～P51、中央労働災害防止協会（2017）

・福成雄三：もう一度考えてみよう安全衛生水準向上の要諦⑤教訓を活かす、安全と健康68（5）、P49～P51、中央労働災害防止協会（2017）

・福成雄三：もう一度考えてみよう安全衛生水準向上の要諦⑦人間中心に考える、安全と健康68（7）、P658～P660、中央労働災害防止協会（2017）

・福成雄三：もう一度考えてみよう安全衛生水準向上の要諦⑩職場活動を支える、安全と健康68（10）、P32～P34、中央労働災害防止協会（2017）

・福成雄三：安全衛生教育の実効を上げるために、労働の科学71（8）、P452～P455、大原記念労働科学研究所（2016）

・新入者安全衛生テキスト（執筆：福成雄三）、P66、P138、中央労働災害防止協会（2017）

・福成雄三：衛生管理者の仕事、中央労働災害防止協会（2017）

・その他厚生労働省ホームページなど行政機関・公的機関の資料

福成 雄三（ふくなり ゆうぞう）

（公財）大原記念労働科学研究所特別研究員

労働安全コンサルタント（化学）

労働衛生コンサルタント（労働衛生工学）

日本人間工学会認定人間工学専門家

1976年住友金属工業㈱（現：新日鐵住金㈱）に入社。以後、安全衛生関係業務に従事。日鉄住金マネジメント㈱社長を経て、2016年6月まで中央労働災害防止協会教育推進部審議役。

今日から安全衛生担当シリーズ

安全管理者の仕事

平成29年11月 9 日　　第 1 版第 1 刷発行
令和 2 年10月28日　　　　第 2 刷発行
著　者　　　　　福成雄三
発行者　　　　　三田村憲明
発行所　　　　　中央労働災害防止協会
　　　　　　　　〒108-0023
　　　　　　　　東京都港区芝浦3丁目17番12号　吾妻ビル9階
　　　　　　　　電　話（販売）03-3452-6401
　　　　　　　　　　　（編集）03-3452-6209
イラスト　　　　平松ひろし
カバーデザイン　ア・ロゥデザイン
印刷・製本　　　株式会社丸井工文社

落丁・乱丁本はお取り替えいたします。　©FUKUNARI Yuzo 2017
ISBN978-4-8059-1780-0　C3060
中災防ホームページ　https://www.jisha.or.jp

- ● 全国衛生管理者協議会 推薦!
- ● 安全衛生の基本からステップアップまで

今日から安全衛生担当シリーズ

衛生管理者の仕事　福成雄三著

ISBN978-4-8059-1760-2
商品No.24800　　定価1,296円（本体1,200円＋税）
A5判／224頁

　初めて安全衛生担当に選任された人たち向けに、行うべき職務、取組み方法やその留意点、勘どころ等について、より現場的な観点から実践的に解説するシリーズの第1弾。新任の衛生管理者向けに、具体的に何をどのように行うのか、法令に定められた衛生管理者の職務について、現場的に解説する。

お申込み・お問合せは…
中央労働災害防止協会（出版事業部）
TEL 03-3452-6401　　FAX 03-3452-2480